LE MASQUE SORCIER

Mörderische Kurzkrimis

zum Französischlernen

von Gabrielle Robein

PONS GmbH
Stuttgart

PONS
LE MASQUE SORCIER

Mörderische Kurzkrimis

zum Französischlernen

von Gabrielle Robein

PONS verpflichtet sich, den Zugriff auf die zu diesem Buch
gehörige Vokabeltrainer-App mindestens bis Ende 2019 zu
gewährleisten. Einen Anspruch der Nutzung darüber hinaus
gibt es nicht.

1. Auflage 2017

© **PONS GmbH, Stuttgart 2017**
Alle Rechte vorbehalten

PONS Online-Wörterbuch: www.pons.eu
E-Mail: info@pons.de

Projektleitung: Majka Dischler
Autorin: Gabrielle Robein
Redaktion: Fabienne Schmaus
Einbandgestaltung: Ilham Widmann, Stuttgart
Logoentwurf: Erwin Poell, Heidelberg
Logoüberarbeitung: Sabine Redlin, Ludwigsburg
Layout: Petra Michel, Gestaltung & Typografie, Essen
Satz: Datagroup Int. SRL, Timisoara

Printed in Europe.
ISBN: 978-3-12-562954-7

Gabrielle Robein

Gabrielle Robein stammt aus der Lothringen und lebt seit
vielen Jahren in Berlin, wo sie als Französischkursleiterin
arbeitet und als Autorin für verschiedene Verlage tätig war
und ist. Schreiben ist ihre große Leidenschaft. In ihrer Mutter-
sprache verfasst sie Lehrbücher, aber auch Kinder- und Krimi-
geschichten. Schon seit ihrer Kindheit liebt sie besonders
gruselige und humorvolle Geschichten. Sie besucht häufig
ihre alte Heimat und beschäftigt sich gern mit der französischen
Kultur und Lebensart sowie mit regionalen Besonderheiten -
und das immer mit dem Blick sowohl von außen als auch von
innen heraus.

Sie lesen gerne Krimis und möchten etwas für Ihr Französisch tun?
Mit diesen spannenden Kurzkrimis frischen Sie Ihr Französisch auf.
Die verwendete Sprache passt genau zu Ihrem Lernniveau und bietet die
richtige Mischung aus neuen und bekannten Elementen.

Nicht nur Krimis lesen, sondern auch mehr
über Land und Leute erfahren:
Im Anschluss an jede Geschichte finden Sie
wissenswerte Informationen zu den **Tatorten
und Schauplätzen**, an denen die Geschichten
spielen.

Schwierigere Wörter
sind auf jeder Seite
in den **Fußnoten**
übersetzt. Im Anhang
können Sie nochmals
alle Wörter in
einer alphabetischen
Wortliste
nachschlagen.

Wo die einzelnen Tatorte liegen, können Sie in der
Landkarte auf den Seiten 6 und 7 nachschauen.

Alle Wörter, die in den Fußnoten übersetzt sind, können Sie
mit der **PONS Vokabeltrainer-App** üben. Gehen Sie einfach auf
www.pons.de/kurzkrimis-fr und laden Sie die App kostenlos auf Ihr
Smartphone oder Tablet herunter oder benutzen Sie die Online-Version
auf Ihrem PC!

INHALTSVERZEICHNIS

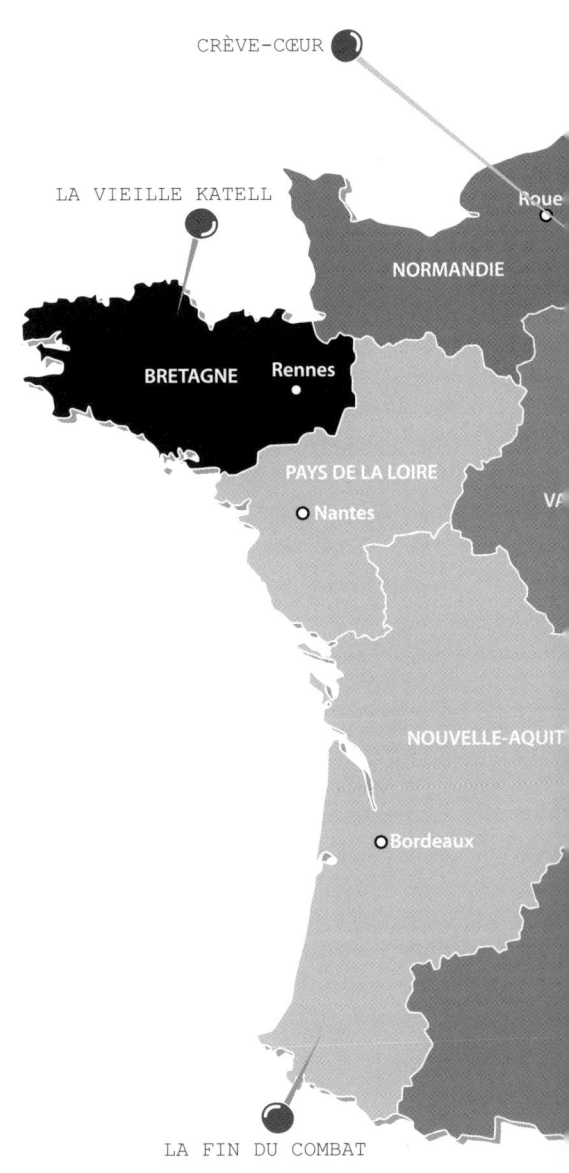

CRÈVE-CŒUR

LA VIEILLE KATELL

Roue

NORMANDIE

BRETAGNE   Rennes

PAYS DE LA LOIRE

○ Nantes

VA

NOUVELLE-AQUIT

○ Bordeaux

LA FIN DU COMBAT

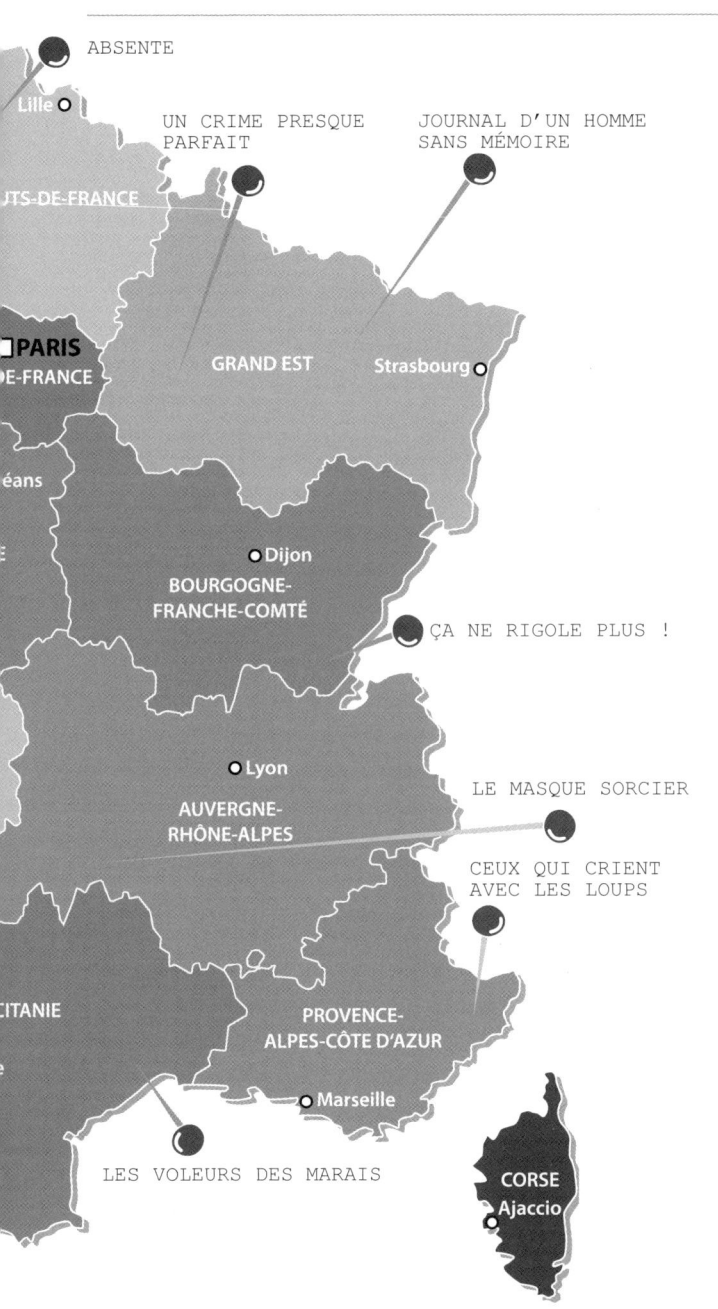

ABSENTE

Lille ○

UN CRIME PRESQUE
PARFAIT

JOURNAL D'UN HOMME
SANS MÉMOIRE

JTS-DE-FRANCE

PARIS
E-FRANCE

GRAND EST   Strasbourg ○

éans

○ Dijon
BOURGOGNE-
FRANCHE-COMTÉ

ÇA NE RIGOLE PLUS !

○ Lyon
AUVERGNE-
RHÔNE-ALPES

LE MASQUE SORCIER

CEUX QUI CRIENT
AVEC LES LOUPS

CITANIE

PROVENCE-
ALPES-CÔTE D'AZUR

○ Marseille

LES VOLEURS DES MARAIS

CORSE
Ajaccio

1. LE MASQUE SORCIER

Christine est assise dans la voiture d'Arnaud. Elle a pris le train le matin de Paris pour Valence. Arnaud est venu la chercher à la gare : direction Lussas, un petit village d'Ardèche où le festival du film documentaire a lieu chaque année. Christine regarde par la fenêtre les **rochers escarpés**[1] et les forêts de **châtaigniers**[2], typiques de la région. Le soleil brille. C'est l'été. Elle est heureuse d'être là.

Elle est d'autant plus heureuse que cette année, son film documentaire est présenté au festival pour la soirée d'inauguration. Jusqu'à présent, la jeune réalisatrice a surtout fait des **petits boulots**[3] pour gagner sa vie. Ce n'est pas facile de **percer**[4] dans le domaine de l'audiovisuel ! Heureusement pour elle, les choses ont commencé à changer un peu il y a un an. En parlant avec un ami ethnologue, elle a découvert que dans certaines campagnes en France, et même en ville, on racontait encore des histoires de **sorcellerie**[5]. Christine, absolument pas **superstitieuse**[6] et toujours curieuse, a trouvé le sujet passionnant. Elle a donc parcouru le pays à la recherche de **sorciers**[7], d'exorcistes et de personnes affirmant avoir **reçu un** (bon ou mauvais) **sort**[8]. Elle a réalisé un documentaire à partir

---

1   **les rochers (mPl) escarpés** – *schroffe Felsen*
2   **le châtaignier** – *Kastanienbaum*
3   **le petit boulot** (*ugs.*) – *Gelegenheitsjob*
4   **percer** – *durchkommen; einen Durchbruch erleben*
5   **la sorcellerie** – *Hexenkunst, Hexerei*
6   **superstitieux(-euse)** – *abergläubisch*
7   **le sorcier, la sorcière** – *Hexenmeister, Hexe*
8   **recevoir un sort** – *verhext werden*

de ces recherches. *Les derniers sorciers* est passé dans plusieurs festivals et a reçu des critiques extrêmement positives.

Les deux amis arrivent à Lussas. Arnaud prend un petit chemin à la sortie du village et gare enfin l'auto devant une maison en pierre.

– Voilà ton **gîte**[1], annonce-t-il. Tu vas voir, les chambres sont confortables et les propriétaires très sympas.

Justement, un couple âgé d'une cinquantaine d'années sort de la maison. La femme les accueille chaleureusement :

– Bienvenue ! Je suis Monique. Entrez. Mon mari va s'occuper de vos bagages.

Arnaud se tourne vers Christine :

– Bon. Je te laisse **t'installer**[2]. Je repasse te prendre ce soir vers vingt et une heures, d'accord ? La **projection**[3] de ton film en plein air est à vingt-deux heures.

– Parfait, répond Christine. À tout à l'heure !

Une fois dans sa chambre, Christine s'allonge sur le lit. Elle ferme les yeux quelques minutes puis les rouvre. Impossible de se reposer. Elle est trop excitée. La pièce est meublée à l'ancienne, avec un lit, un bureau et une chaise en bois. Un masque tribal est accroché au mur : il représente un visage mi-humain, mi-oiseau. La tête est recouverte de **plumes**[4] et un long **bec**[5] gris tombe à la place du nez et de la bouche. Deux grands yeux noirs regardent fixement devant eux.

– Brrr… Il n'a pas l'air sympa, celui-là ! se dit Christine.

La chambre se trouve au rez-de-chaussée. Par la fenêtre, Christine aperçoit un **verger**[6] de pommiers. Elle a une certaine

---

1 **le gîte** – *Ferienwohnung, Ferienunterkunft*
2 **s'installer** – *sich einrichten; hier: seine Sachen auspacken*
3 **la projection** – *Vorführung*
4 **la plume** – *Feder*
5 **le bec** – *Schnabel*
6 **le verger** – *Obstbaumgarten*

inquiétude[1] à l'idée de dormir seule ici le soir, si proche des ombres du dehors. Tout à coup, elle ressent une légère douleur de tête.

– Oh non… J'espère que ce n'est pas un début de migraine !

Et, s'amusant elle-même de la pensée qui lui traverse l'esprit :

– À moins que ce ne soit l'**oiseau-sorcier**[2] qui me **jette un mauvais sort**[3] !

Le soir, Arnaud vient la chercher à l'heure prévue. Christine est prête : sa migraine est déjà passée. En la voyant, Arnaud s'exclame :

– Tu es toute belle ! Tu vas être la reine de la soirée !

Christine lui **donne une tape sur l'épaule**[4] en riant. Ils ont fait connaissance il y a trois ans pendant le festival et ils se sont tout de suite bien entendus. Arnaud a passé son enfance à Lussas et il y connaît tout le monde. C'est une **aubaine**[5] pour Christine : il a toujours des gens intéressants à lui présenter ! En plus, il connaît les meilleures rivières pour se baigner entre deux projections de films. C'est qu'il fait chaud au mois d'août en Ardèche !

Avant le début du film, un des organisateurs du festival prend le micro :

– Bonsoir Mesdames et Messieurs. Merci à tous d'être venus ce soir si nombreux pour voir *Les derniers sorciers*, réalisé par Christine Larcenet. Une deuxième projection aura lieu après-demain matin suivie d'une rencontre-débat avec la réalisatrice. Ce soir, après le film, vous êtes invités à prendre un verre avec nous à la salle des fêtes pour l'ouverture du festival. D'ici là, bon film et … bons **frissons**[6] !

1   l'inquiétude (f) – *Beunruhigung*
2   l'oiseau-sorcier (m) – *der Hexenvogel*
3   jeter un mauvais sort à qn – *jdn verhexen*
4   donner une tape sur l'épaule – *auf die Schulter klopfen*
5   l'aubaine (f) – *unverhoffter Vorteil, Glücksfall*
6   le frisson – *Schauder*

La séance[1] se passe bien. Le public est silencieux et Christine se demande d'abord si ce silence est bon signe ou non. Mais finalement, lorsque le **générique de la fin**[2] apparaît sur l'écran, les applaudissements éclatent et semblent ne plus vouloir s'arrêter.

À la salle des fêtes, l'ambiance est joyeuse. Les tables sont recouvertes de **petits fours**[3] et le vin, offert par la **cave coopérative**[4] du village, ne manque pas. Christine serre de nombreuses mains : des gens viennent la féliciter ou l'interroger sur son film. D'autres, après avoir vu son documentaire, ont envie d'en savoir plus sur son **enquête**[5] sur la sorcellerie et viennent la questionner. À ses côtés, Arnaud fait les présentations.

– Tiens, voilà Anne-Lise, une super copine.

Il ajoute discrètement à l'oreille de Christine :

– C'est une de mes ex' ! Mais elle était trop jalouse. On s'est séparés !

Anne-Lise, qui n'a rien entendu, s'adresse à Christine sur un ton ironique, pas vraiment sympathique :

– Salut Christine. C'est dommage. Je n'ai pas pu venir à la projection de ton film. Mais… tu as choisi un drôle de sujet, non ? À qui veux-tu faire croire que les sorciers et les sorcières existent encore ?

– Je ne veux rien faire croire du tout ! explique Christine. Dans mon film, j'essaie juste de montrer, non pas que les sorciers existent, mais les pratiques autour de la sorcellerie… C'est un peu différent.

– Ah… Eh bien, j'irai à la prochaine projection et on pourra en reparler.

Un grand homme brun, maigre, l'air inquiet, s'approche. Arnaud continue les présentations :

1 **la séance –** *Vorstellung*
2 **le générique de la fin –** *Nachspann*
3 **les petits fours (mPl) –** *Häppchen; Kleingebäck*
4 **la cave coopérative –** *Genossenschaftskellerei*
5 **l'enquête (f) –** *Untersuchung; Ermittlung*

– Et là, c'est euh…. Lilian, c'est ça ? Tu es caméraman si je me rappelle bien ?

– Moi caméraman ? Mais non ! Je suis réalisateur !

– Je te présente aussi…

Christine a la tête qui tourne : elle ne sait plus trop bien si c'est l'alcool qui lui fait cet effet, le nombre de nouvelles personnes autour d'elle ou la fatigue de la journée. À trois heures du matin, elle décide d'aller se coucher.

– Je te raccompagne ? propose Arnaud

– Merci, tu es gentil mais je vais rentrer toute seule.

Dehors, il fait tout noir. À cette heure de la nuit, un calme total règne sur le village. Après le tumulte de la soirée, ça fait une impression étrange à Christine. Soudain, elle a un peu peur. Elle regrette presque d'avoir refusé la proposition d'Arnaud de la raccompagner. Elle **accélère**[1] le pas. D'un coup, elle s'arrête et se retourne. Rien. Pourtant, elle a le sentiment désagréable que quelqu'un la suit. Elle repart en marchant très vite, et lorsqu'elle arrive enfin au gîte, elle est soulagée. Par prudence, elle ferme la porte de sa chambre à clé. Mais alors, elle aperçoit le masque qui la regarde bizarrement.

– Toi, je ne t'aime pas beaucoup, lui dit-elle, comme s'il pouvait l'entendre. Et on dirait que c'est **réciproque**[2]…

Instinctivement, elle se retourne vers la fenêtre.

– Il faut absolument que je ferme les **volets**[3], se dit-elle.

C'est à ce moment là qu'elle voit une silhouette s'approcher de la vitre. Elle crie. La silhouette disparaît de manière aussi rapide qu'elle était apparue.

Le lendemain, quand Christine se réveille, il est déjà onze heures. Elle a passé une nuit agitée et c'est seulement vers cinq

1 **accélérer** – *beschleunigen*
2 **réciproque** – *gegenseitig*
3 **le volet** – *Fensterladen*

heures du matin qu'elle a pu s'endormir vraiment. Elle **s'étire**[1] et repense aux évènements de la **veille**[2] : l'arrivée à Lussas, les retrouvailles avec Arnaud, la projection du film et la soirée à la salle des fêtes. Elle a encore un peu mal à la tête. L'alcool, sans doute. Puis le souvenir de la silhouette noire lui revient à l'esprit. Elle **hausse les épaules**[3].

– J'ai dû rêver, se dit-elle ! Il faut vraiment que j'arrête de boire comme ça quand je sors…

Elle se lève et envoie un SMS à Arnaud : *Bien dormi ? On se retrouve à midi au café place du marché pour l'apéritif ?* La réponse **s'affiche**[4] presque aussitôt sur l'écran : *D'accord. À tout à l'heure !*

Christine est assise devant un jus de fruits quand Arnaud arrive à la terrasse du café, en retard, l'air stressé. Il fait la bise à son amie et s'assoit en face d'elle.

– Qu'est-ce qui t'arrive ? demande Christine. Tu as l'air fatigué. Tu as fait la fête toute la nuit, c'est ça ?

– Pas vraiment, non. Je suis rentré pas longtemps après toi hier soir. Mais je me suis réveillé tôt ce matin. En fait, j'ai reçu un appel téléphonique de Jean-Marc. Tu sais, mon vieux copain qui participe à l'organisation du festival…

– Oui, et alors ?

– Il était **embêté**[5]. Il y a eu des actes de vandalisme pendant la nuit.

– Non ? Ce n'est pas vrai ? ! Raconte !

– Des graffitis ont été faits sur les portes et les murs de nombreux bâtiments du village… Et même sur la statue de la **Vierge**[6], devant l'église. Tu sais ce que les vandales ont écrit ?

---

1   **s'étirer –** *sich strecken*
2   **la veille –** *Vortag*
3   **hausser les épaules –** *mit den Achseln zucken*
4   **s'afficher –** *hier: eingeblendet werden*
5   **embêté(e) –** *hier: besorgt*
6   **la Vierge –** *Jungfrau*

– Non. Quoi ?

– 666. Le chiffre du Diable.

– Oh !

– Ce n'est pas tout. Les lieux du festival aussi **ont été visés¹**. Quelqu'un est entré dans la salle de projection. L'écran de cinéma sur lequel ton film a été projeté hier a été recouvert de peinture rouge. Et… désolé de te dire ça mais…. le disque blue-ray de ton film a disparu. On ne le retrouve plus !

– **Ça alors²** !

La serveuse les interrompt.

– Monsieur, vous avez commandé ?

– Je vais prendre un pastis, s'il vous plaît.

Une fois la serveuse partie, Christine reprend leur conversation :

– Dis, tu ne trouves pas ça bizarre que ces vandales utilisent des symboles sataniques ? Et si quelqu'un s'était senti provoqué par le sujet de mon film ?…

– Je ne sais pas… J'y ai pensé aussi mais…

Christine se sent mal à l'aise. Qui pourrait bien lui en vouloir ? S'agit-il d'un simple **plaisantin³** ou d'une personne dangereuse ? Une force surnaturelle **maléfique⁴** prête à attaquer ? Non, c'est du **délire⁵** ! Elle est quelqu'un de rationnel. Elle ne va pas commencer à croire à ces **sornettes⁶** ! Arnaud remarque qu'elle est **préoccupée⁷**. Il essaie de la rassurer :

– Écoute, **ne t'en fais pas⁸** ! Ce sont peut-être juste des jeunes qui veulent s'amuser à faire peur aux visiteurs du festival. Ils ne se rendent pas compte de ce qu'ils font…

1	**être visé(e)** – *(das) Ziel sein*
2	**Ça alors !** – *Na so was!*
3	**le plaisantin** – *Witzbold, Spaßvogel*
4	**maléfique** – *unheilvoll*
5	**le délire** – *Wahn*
6	**la sornette** – *leeres Gerede*
7	**préoccupé(e)** – *besorgt*
8	**Ne t'en fais pas.** – *Mach dir keine Sorgen.*

La serveuse arrive avec la boisson.

– À la tienne ! dit Arnaud en levant son verre vers Christine. Et à ton succès !

Et voyant que le visage de Christine reste **crispé**[1], il ajoute :

– Il y a des projections intéressantes à seize heures. D'ici là, on va se baigner à la rivière, d'accord ?

– Je n'ai pas mon maillot de bain !

– On passe le chercher au gîte. On y va après le repas.

En arrivant au gîte, Christine et Arnaud entendent un cri **strident**[2] qui provient de l'intérieur de la maison. Ils se précipitent et tombent sur Monique, la propriétaire. L'**angoisse**[3] se lit dans ses yeux grands ouverts. Elle montre d'un doigt tremblant en direction de la chambre de Christine. Sur la porte, quelqu'un a dessiné à l'encre rouge une **croix inversée**[4] et inscrit en gros caractères : CHRIST' VA MOURIR. L'encre est encore fraîche et **dégoulinante**[5]. L'encre… À moins que cela ne soit du sang ?

– Tu n'as vu personne dans la maison ? demande Arnaud.

– Non. J'ai entendu du bruit. J'étais à l'étage alors je suis descendue. Et j'ai vu ce que vous voyez…

Christine sent son cœur battre comme un tambour. Elle a chaud, elle se sent fiévreuse. Elle se tourne vers Arnaud. Il la regarde droit dans les yeux. De grands yeux noirs comme ceux de l'oiseau-sorcier. Arnaud… Et si ?… Elle n'a pas le temps de réfléchir davantage. Elle tombe à terre, **inconsciente**[6].

Lorsqu'elle se réveille, elle est allongée sur le canapé dans la salle de séjour du gîte. Monique lui tient la main et lui sourit :

– Tu as perdu connaissance, explique-t-elle. Mais tu as l'air d'aller mieux. Tes joues ont repris des couleurs.

---

1 **crispé(e)** – *steif*
2 **strident(e)** – *grell*
3 **l'angoisse (f)** – *Angst*
4 **la croix inversée** – *umgekehrtes Kreuz*
5 **dégoulinant(e)** – *herabtropfend*
6 **inconscient(e)** – *bewusstlos*

Arnaud est à côté de Monique :

– On a téléphoné au commissariat. La police est en route et va arriver d'une minute à l'autre.

Effectivement, quelques minutes plus tard, le commissaire Marceau est là, accompagné de deux de ses agents. Il demande à Monique et Arnaud de sortir pour **prendre la déposition de**[1] Christine.

– Vous allez me prendre pour une folle… commence-t-elle par dire.

Elle décide cependant de tout lui raconter : la soirée d'inauguration du festival, le sentiment d'être suivie dans la nuit quand elle est rentrée se coucher et la silhouette aperçue à travers la fenêtre, les actes de vandalisme signalés par Arnaud, les inscriptions menaçantes à la porte de sa chambre… Tout lui raconter ? Non, elle préfère ne rien dire au sujet du masque et de ses peurs. Parce que là, le commissaire la prendrait vraiment pour une folle ! Et pendant qu'elle parle, l'homme écoute, **hoche la tête**[2], réfléchit…

Plus tard… Les douze coups de l'église viennent juste de sonner. Christine est allée prendre un verre à la **buvette**[3]. Arnaud était absent, mais elle a discuté avec quelques personnes du festival. Maintenant, elle rentre seule à pied au gîte. C'est la pleine lune. Elle traverse la place du marché. En journée, cette place est très vivante, avec les terrasses des cafés, les vieux qui jouent aux boules, les **festivaliers**[4] qui se rencontrent. Mais la nuit, elle est déserte. Christine continue d'avancer. Elle prend une petite route. Arrivée à l'entrée du chemin qui mène au gîte, elle s'arrête et lève la tête vers les étoiles. Elle tend l'oreille et attend. Son cœur bat fort. Elle a du mal à respirer. Elle a peur. Très peur… Soudain, un individu **bondit sur**[5] elle en criant :

1   **prendre la déposition de qn** – *jdn vernehmen*
2   **hocher la tête** – *den Kopf schütteln*
3   **la buvette** – *Getränkestand*
4   **le/la festivalier(-ière)** – *Festivalbesucher(in)*
5   **bondir sur qn** – *sich auf jdn stürzen*

« C'est toi le démon ! Tu vas mourir ». Il n'a pas le temps d'en faire plus. Cinq policiers armés **jaillissent**[1] soudainement de l'**obscurité**[2], sautent sur lui et l'immobilisent. L'un d'entre eux sort son téléphone portable de sa poche et met l'appareil à l'oreille :

– Allô commissaire ? C'est bon. Il est **tombé dans le piège**[3]. On le tient.

Pendant toute la scène, Christine, paralysée par la peur, n'a pas osé regarder son agresseur. Le policier se tourne vers elle :

– Merci de votre coopération, Madame. Je vous raccompagne à votre gîte. Normalement, ce soir, vous devriez être en sécurité. Mais un de nos hommes va quand même **monter la garde**[4] devant votre porte. On vous contactera demain quand on en saura plus sur l'identité de votre agresseur.

Cette nuit-là, Christine ne dort quasiment pas. Monique lui a expliqué que le masque était un souvenir ramené de vacances en Guinée. Malgré son air méchant, il représente une **divinité protectrice**[5]. Christine préfère cependant lui tourner le dos !

Le lendemain matin, elle **est convoquée**[6] par le commissaire :
– Eh bien voilà, notre **suppôt de Satan**[7] est **démasqué**[8]… Heureusement, il n'avait pas d'arme. Il aurait pu être dangereux.

– Et alors ? De qui s'agit-il ?
– Lilian Barberin, son nom vous dit quelque chose ?
– Non, rien du tout.
Le commissaire lui tend une photo :
– Et son visage ?

---

1   **jaillir (de)** – *hier: plötzlich auftauchen (aus)*
2   **l'obscurité (f)** – *Dunkelheit*
3   **tomber dans le piège** – *in die Falle geraten*
4   **monter la garde** – *Wache halten*
5   **la divinité protectrice** – *schützende Gottheit*
6   **être convoqué(e)** – *einbestellt werden, vorgeladen werden*
7   **le suppôt de Satan** – *Ausgeburt Satans*
8   **démasqué(e)** – *aufgedeckt*

– Un instant… Oui, maintenant je me rappelle. Je l'ai **croisé**[1] rapidement pendant la soirée d'inauguration du festival. Il est caméraman, c'est ça ?

– Réalisateur. Réalisateur **raté**[2]. Il a fait deux ou trois documentaires qui n'ont jamais bien marché.

– Mais qu'est-ce qu'il me voulait ?

– Il semblerait que votre film ne l'ait pas laissé indifférent. Ou bien c'est vous qui lui avez fait de l'effet. Il faut dire que Barberin est un **drôle d'oiseau**[3]. On a mené notre petite enquête sur lui. Il a fait plusieurs séjours en hôpital psychiatrique. Troubles schizophréniques.

– Je ne vois toujours pas le rapport avec moi…

– Sentiment d'échec professionnel, frustrations sentimentales… Ajoutez à ça un délire paranoïaque, mélangé à la sauce sorcellerie, forces occultes et **tout le tintouin**[4]… Bref, il a **pété un plomb**[5] !

Quelques jours plus tard, le festival est terminé. Arnaud a ramené Christine à la gare de Valence. Ils attendent le train sur le quai.

– Eh bien ! C'était un festival riche en émotions cette année, non ?

– Oui, on peut dire ça ! En tout cas, j'étais très fier de toi, Christine. Bravo ! Ton film a été un véritable succès.

– Oui, je suis contente. Et puis, j'ai des propositions pour le **diffuser**[6] sur des chaînes de télévision. Finalement… je crois que l'oiseau-sorcier m'a **porté chance**[7] !

– Ça y est ? Tu es devenue superstitieuse ?

---

1   **croiser qn** – *jdm über den Weg laufen*
2   **raté(e)** – *hier: erfolglos*
3   **un drôle d'oiseau** (*ugs.*) – *ein schräger Vogel*
4   **tout le tintouin** (*ugs.*) – *das ganze Gedöns*
5   **péter un plomb** (*ugs.*) – *durchdrehen*
6   **diffuser qc** – *etw übertragen*
7   **porter chance à qn** – *jdm Glück bringen*

Lautsprecher

Ils rient. Au haut-parleur, une voix annonce l'arrivée en gare du train pour Paris. *Weiche von mir Satan!*
– Allez, voilà ton train ! **Vade retro Satanas[1]** !

Lussas ist ein kleines Dorf mit etwas mehr als tausend Einwohnern. Es befindet sich in der Region der Ardèche in der Nähe von Valence. Seit 1989 findet hier das berühmte Festival „*Les États généraux du film documentaire*" (Generalstände des Dokumentarfilms) im August statt. Mittlerweile sind auch eine Schule für Dokumentarfilme, eine Videothek und zahlreiche Vereine gegründet worden, die zur Attraktivität des Dorfes beitragen.

Die Region der Ardèche lebt vor allem vom Weinbau sowie vom Kastanien- und Obstanbau. Sie ist relativ dünn besiedelt und verfügt über eine üppige Naturlandschaft. Der nördliche Teil besteht aus einer Gebirgslandschaft, die bis 1.700 m in die Höhe ragt. Der südliche Teil ist durch eine große Schlucht, die *Gorges de l'Ardèche*, geprägt. Dank der zahlreichen Möglichkeiten in der Umgebung zu wandern, zu klettern, Kanu zu fahren oder zu baden ist die Ardèche eine beliebte Touristengegend.

---

1   **Vade retro Satanas!** (*auf Latein*) – *Weiche von mir Satan!*

2. CRÈVE-CŒUR

Charlotte **avale**[1] son café rapidement. Elle ne peut pas se permettre de faire une pause trop longue. Elle **a** encore **du pain sur la planche**[2] ; un patient doit être opéré dans l'après-midi. Elle est chef du **service de cardiologie**[3] à l'hôpital de la Pitié-Salpêtrière, dans le 13ème arrondissement de Paris. C'est un poste à responsabilités, passionnant mais stressant. En général, elle ne termine pas avant dix-neuf ou vingt heures. Cela fait de longues journées, bien sûr, mais Charlotte ne s'en plaint pas. De toute façon, à la maison, personne ne l'attend. Elle a cinquante-deux ans et elle est divorcée depuis dix ans. Sa fille, âgée de vingt-cinq ans, fait des études dans le sud-ouest de la France et ne donne quasiment jamais de nouvelles. Parfois, quand elle y pense, elle a un peu le **vague à l'âme**[4].

Mais aujourd'hui, Charlotte est plutôt de bonne humeur. Le matin, le directeur de l'hôpital a présenté à son équipe un nouveau collègue : le docteur Éric Breslin, originaire de Nivelles, en Belgique. Un bel homme, légèrement plus jeune qu'elle, sportif, yeux bleus et cheveux **poivre et sel**[5]. Lorsque Breslin a serré la main à Charlotte en souriant, elle **s'est mise à**[6] rougir comme une adolescente. Pendant les heures qui ont suivi, elle a essayé de penser à autre chose. À son âge, elle sait bien que le coup de foudre, c'est une **histoire de midinettes**[7] !

---

1   **avaler qc** – *etw schlucken*
2   **avoir du pain sur la planche** (ugs.) – *jede Menge Arbeit haben*
3   **le service de cardiologie** – *kardiologische Abteilung*
4   **avoir le vague à l'âme** – *melancholisch (zumute) sein*
5   **poivre et sel** – *angegraut (wörtlich: Pfeffer und Salz)*
6   **se mettre à faire qc** – *beginnen, etw zu tun*
7   **l'histoire (f) de midinettes** – *Jungmädchengeschichte*

Les jours suivants, elle et Breslin **se sont croisés**[1] plusieurs fois dans les couloirs du service. À chaque fois, il lui a adressé ce même sourire charmant. Et à chaque fois, elle s'est sentie **troublée**[2]. Alors, le soir où elle s'est retrouvée avec lui dans l'ascenseur, à l'heure de rentrer chez elle, elle a été intimidée. Elle a quand même profité de l'occasion pour engager la conversation :

– Tu as fini ta journée ?

– Eh oui, c'est l'heure.

Et une fois dans la rue, c'est lui qui a continué :

– Tu habites dans le quartier ?

– Oui, un peu plus loin, rue Monge. Et toi ?

– Je prends le métro. On peut faire un bout de chemin ensemble si tu veux.

– Volontiers.

Ils passent devant le Jardin des plantes et devant la Grande Mosquée.

– Tu es déjà entré dans la mosquée ? lui demande-t-elle. Son architecture est magnifique !

– Non, je n'ai pas encore eu le temps malheureusement. C'est dommage. Tu sais ce que c'est l'hôpital : on est totalement **accaparé**[3] par le travail.

– Oui, c'est vrai. En tout cas, il y a un café oriental avec une terrasse très agréable à l'intérieur. On y boit un thé à la menthe délicieux.

– Pourquoi pas maintenant ? Ça te dit ? À moins que tu ne doives rentrer chez toi pas trop tard ?

– Non, je suis disponible ! C'est une bonne idée. Allons-y !

De fil en aiguille[4], Charlotte et Éric commandent un thé, puis un autre, et décident enfin de dîner ensemble. Ils ont

1   **se croiser** – *sich begegnen*
2   **troublé(e)** – *verwirrt*
3   **accaparé(e)** – *vereinnahmt*
4   **de fil en aiguille** – *nach und nach*

tellement de choses à se dire qu'ils ne se quittent que tard dans la nuit.

Les semaines suivantes, ils se revoient pendant leur temps libre. À l'hôpital, ils se jettent des regards de plus en plus **complices**[1]. Charlotte se sent légère, joyeuse. Un soir, elle accepte de suivre Éric chez lui. Bref, elle est amoureuse.

La situation pourrait être idyllique s'il n'y avait pas ces mauvaises nouvelles récurrentes dans le service de cardiologie de l'hôpital. Un matin, quand Charlotte arrive dans la salle du personnel, Nadia, une des infirmières, **se précipite**[2] vers elle :

– Docteur, un patient est **décédé**[3] pendant la nuit.

– Non ! Encore un décès ? Ce n'est pas possible ?! De qui s'agit-il cette fois ?

– Le monsieur de la chambre 303.

– Monsieur Morel ? Mais qu'est-ce qui s'est passé ? Il est entré hier pour des **palpitations**[4] **bénignes**[5].

– Il a appelé vers trois heures du matin. Il n'arrivait pas à dormir. Il se sentait mal. Alors, j'ai informé le docteur Breslin qui **était de garde**[6]. Il s'est occupé du patient et il nous a annoncé environ une heure plus tard que monsieur Morel était mort d'un **infarctus**[7].

Éric entre. À ce moment-là, Charlotte trouve à Nadia un air agité. Elle la remercie. Une fois qu'elle et son amant sont seuls, elle le questionne :

– Bonjour Éric. Comment ça va ? J'imagine que la nuit a été dure…

– Oui. Tu as été informée du décès du patient ?

1   **complice** – *verschworen*
2   **se précipiter** – *sich beeilen*
3   **décédé(e)** – *verstorben*
4   **la palpitation** – *Herzflattern*
5   **bénin(-igne)** – *harmlos*
6   **être de garde** – *Bereitschaftsdienst haben*
7   **l'infarctus (m)** – *Herzinfarkt*

– Un infarctus, c'est ça ? C'est quand même bizarre. Il ne présentait aucun symptôme d'infarctus.

– C'était un vieux monsieur. Son cœur **a lâché**[1]…

– Un vieux monsieur, un vieux monsieur… Il avait à peine soixante ans. Tu peux me **transmettre**[2] l'électrocardiogramme ? Il faut que je regarde ça de plus près…

– Le… L'électrocardiogramme ? Oui, je te l'apporte.

Éric sort de la salle et revient quelques instants plus tard.

– Écoute Charlotte, c'est étrange, je ne trouve pas l'électrocardiogramme dans le dossier de monsieur Morel. Les infirmières ont dû mal le ranger.

– Mais enfin, c'est incroyable ! s'énerve Charlotte. C'est Nadia qui était de service. Tu penses qu'elle aurait pu faire des erreurs et nous cacher quelque chose ?

– Je ne sais pas. C'est vrai qu'elle est souvent un peu étrange, et ce matin encore plus…

– Dans ce cas, on va demander une autopsie.

Éric **fronce les sourcils**[3] :

– Laisse tomber cette idée d'autopsie. Qu'est-ce que tu veux ? Commencer à attirer l'attention de la famille ? Des journalistes ? Tu risques ta carrière, tu sais…

– Tu… tu crois ? Mais je ne peux quand même pas faire **comme si de rien n'était**[4].

Éric s'approche d'elle et lui passe doucement la main sur la joue :

– Tu devrais te reposer, lui conseille-t-il. Tu es trop stressée ces derniers temps. Je me fais du souci pour toi…

Charlotte lui sourit. La présence de cet homme lui **fait du bien**[5].

---

1   **lâcher** – hier: aufhören zu schlagen
2   **transmettre qc à qn** – jdm etw übergeben; jdm etw zukommen lassen
3   **froncer les sourcils** – die Stirn runzeln
4   **comme si de rien n'était** – als ob nichts gewesen wäre
5   **faire du bien à qn** – jdm guttun

Elle profite de sa courte pause de midi pour se promener dans la chapelle Saint-Louis, dans la cour de l'hôpital. Elle essaie d'analyser la situation. Après sa discussion avec Éric, elle **a convoqué[1]** les infirmières pour leur demander des explications au sujet de la disparition de l'électrocardiogramme. Cependant, les infirmières ont affirmé qu'elles **n'y étaient pour rien[2]**. Mais surtout, elles ont informé Charlotte de certaines choses étranges qu'elles ont remarquées dans le service : des médicaments ou des produits pour les opérations qui n'étaient pas toujours à leur place, par exemple. Comme si quelqu'un voulait **nuire aux[3]** patients et à l'équipe médicale.

Charlotte ne sait que penser. Peut-elle faire confiance aux infirmières ? À Nadia ? Est-ce que celle-ci aurait pu **faire preuve de négligence[4]** de manière accidentelle ? Ou même volontaire ? Et dans ce cas, pourquoi ? S'agirait-il d'une vengeance contre un docteur de l'équipe ? Une relation amoureuse qui aurait mal tourné ? Une aventure entre elle et Éric par exemple ? Non ! Charlotte **chasse[5]** cette idée désagréable de son esprit et repart en direction du service.

En tout cas, elle va devoir faire un **compte-rendu[6]** à la direction de l'hôpital et cela ne l'amuse pas du tout.

Heureusement, elle part quelques jours plus tard à un congrès international de cardiologie à Genève.

– Ça me changera les idées, se dit-elle.

Effectivement, elle passe trois journées agréables en Suisse, au pied des montagnes. La journée, elle écoute des conférences

---

1   **convoquer qn** – *jdn kommen lassen*
2   **n'y être pour rien** – *nichts damit zu tun haben*
3   **nuire à qn** – *jdm schaden*
4   **faire preuve de négligence** – *sich nachlässig zeigen*
5   **chasser qc/qn** – *etw/jdn vertreiben*
6   **le compte-rendu** – *Bericht*

passionnantes sur les **avancées**[1] de la cardiologie. En fin d'après-midi, elle se promène au bord du lac Léman, **savoure**[2] la beauté des paysages environnants et **se délecte de**[3] la tranquillité de Genève. Le dernier soir, pendant un dîner avec des **confrères**[4], on lui présente Christophe Lejeune, cardiologue à Nivelles. Nivelles, Nivelles… Ce nom-là dit quelque chose à Charlotte. Mais oui ! Tout à coup, elle se rappelle :

– Bonjour Monsieur. Enchantée. Vous devez connaître Éric Breslin ? Il a travaillé à l'hôpital de Nivelles.

Le visage de l'homme **s'assombrit**[5].

– Éric Breslin ? Oh oui. C'était quelqu'un de formidable ! Il nous manque beaucoup…

– Je comprends. C'est une personne adorable.

– Oui, quelqu'un de bien, vraiment. Et sa mort était tellement inattendue !…

– Sa… sa mort ?

Charlotte porte la main à son cœur. Elle est sous le choc et pendant quelques secondes, elle a l'impression de ne plus rien comprendre. En face d'elle, l'homme remarque son émotion :

– Je suis désolé. Vous ne saviez pas ?

– Non, je… je…

– Vous étiez proche de lui ?

– Je… Oui… C'est un… C'était un bon ami. Qu'est-ce qui lui est arrivé ?

– Un accident de voiture, tout bêtement. Vous voulez que je vous raconte ?

De retour à Paris, Charlotte a appelé l'hôpital pour dire qu'elle était malade et qu'elle n'irait pas travailler. Puis elle a envoyé un SMS à Éric pour lui proposer de passer chez elle. Elle a mis sa plus belle robe et elle s'est maquillée. Elle attend.

1   **l'avancée (f)** – Fortschritt; Fortschrittlichkeit
2   **savourer qc** – etw genießen
3   **se délecter de qc** – etw genießen
4   **le confrère** – (Fach)kollege
5   **s'assombrir** – düster werden, sich verfinstern

Elle est anxieuse : elle **appréhende de**[1] le revoir. Mais elle est calme et décidée. On sonne à la porte. C'est lui. Elle ouvre, **le cœur battant**[2].

– Bonjour Éric. Entre.

Il la prend par la taille, l'embrasse et lui dit :

– Tu es magnifique ce soir.

Elle lui sourit et se dirige vers le salon. Il la suit.

– Je t'offre une coupe de champagne ? propose-t-elle.

– Volontiers.

Il s'installe dans le canapé pendant qu'elle va à la cuisine. Elle revient avec les coupes de champagne.

– À la tienne !

– À la tienne, ma beauté. Quel plaisir de te retrouver ! Trois jours sans toi, que c'était long !

Elle le regarde sans répondre.

– Raconte-moi comment s'est passé ton congrès. Je suis curieux de savoir…

– Moi aussi, justement, je suis curieuse, Éric. Euh… Éric, c'est bien ton nom ?

Il la regarde un peu surpris. Charlotte croit remarquer de l'inquiétude dans ses yeux. Elle continue :

– J'ai rencontré un de tes collègues de Nivelles à Genève. Il m'a dit beaucoup de bien de toi.

Éric **frémit**[3]. Il a un air de **bête féroce**[4], un air qu'elle ne lui connaissait pas encore. Charlotte reprend :

– **Toutes mes condoléances**[5], Éric. J'ai appris que tu étais mort.

Cette fois, il se lève d'un coup, et s'approche d'elle, **menaçant**[6]. Elle recule en criant :

– Tu n'es pas le vrai Breslin ! Tu es un **imposteur**[7] !

---

1   **appréhender de faire qc** – *Angst haben, etw zu tun*
2   **le cœur battant** – *mit Herzklopfen*
3   **frémir** – *zittern*
4   **la bête féroce** – *Bestie*
5   **toutes mes condoléances** – *mein Beileid*
6   **menaçant(e)** – *bedrohlich*
7   **l'imposteur (m)** – *Betrüger, Hochstapler*

Il la prend violemment à la gorge. Leurs deux corps sont maintenant très proches l'un de l'autre. Charlotte l'entend respirer fort. Elle l'observe. Elle ne le reconnaît plus. Lui qui la regardait il y a quelques minutes avec tendresse, il a maintenant le visage de la haine, un visage laid et déformé. Il parle doucement mais très clairement :

– Alors Madame s'en va jouer les détectives ? Et tu crois peut-être que tu vas t'en sortir comme ça ? Que je vais te laisser **chambouler**[1] mes plans, mon avenir, ma vie ?

Il **serre**[2] encore plus ses mains autour de son cou. Une peur panique saisit Charlotte. Elle réussit toutefois à dire :

– Attends ! Attends ! Je t'ai tellement aimé, de tout mon cœur… Dis-moi au moins la vérité ! Qu'est-ce qui est arrivé au vrai docteur Breslin ?

– Tu veux vraiment le savoir ? D'accord. Je vais te raconter toute l'histoire. Éric et moi, on était à la fac de médecine ensemble. On était copains, mais la vérité, c'est que je le détestais. Il se croyait toujours plus intelligent que les autres et en effet, il était brillant dans ses études. Pas étonnant ! Son père était directeur de clinique. Éric était né et avait grandi dans le milieu médical. Il a réussi ses examens **avec brio**[3]. Moi, j'ai **été recalé**[4]. À ce moment-là, je sentais bien son mépris, sa **condescendance**[5]. Ensuite, on s'est perdus de vue. Moi, j'ai travaillé comme technicien de laboratoire. Et puis, il y a deux ans, on s'est retrouvés par hasard dans un petit hôtel dans lequel on était de passage tous les deux. Il m'a raconté sa vie et ses succès professionnels. Il était célibataire mais il venait d'obtenir un poste à l'hôpital de la Pitié-Salpêtrière à Paris. Il était content. Moi, je m'ennuyais. J'avais l'impression d'avoir **raté**[6] ma vie professionnelle. D'un point de vue sentimental…

---

1 **chambouler qc** (ugs.) – etw über den Haufen werfen
2 **serrer qc** – etw fest pressen; etw drücken
3 **avec brio** – mit Bravour
4 **être recalé(e)** – durchgefallen sein
5 **la condescendance** – Herablassung
6 **rater qc** – hier: etw verpfuschen

j'avais quelques aventures, c'est vrai, mais… aucune relation vraiment satisfaisante. Alors, pendant la nuit, je suis allé saboter le **système de freinage**[1] de sa voiture.

– Et le lendemain, il a eu un accident de voiture.

– Exactement ! Le crime parfait ! Personne ne **s'est douté de**[2] quelque chose.

– Et tu as pris sa place à Paris.

– Oui. C'était facile puisque personne ne le connaissait encore à l'hôpital de la Pitié-Salpêtrière.

– Et dis-moi… Ces patients morts dans le service de cardiologie depuis que tu y travailles… Tu les as tués eux aussi ?

Le faux Breslin **ricane**[3] :

– Non, je ne suis pas si méchant, tu sais. Je ne tue pas sans raison… Ou disons plus exactement : je ne tue pas volontairement sans raison. Tu comprends, j'ai fait des études de médecine, mais c'était il y a bien longtemps et je n'ai jamais pratiqué le métier. Alors, à l'hôpital, j'ai parfois fait quelques petites erreurs.

– Qu'est-ce qui est arrivé à monsieur Morel ?

– Je me suis simplement trompé dans les doses de médicaments. De toute façon, le vieux Morel était un vrai **râleur**[4]. Crois-moi, personne ne le regrettera ! Mais on parle, on parle… Ma belle petite Charlotte, quel dommage que tu aies été si curieuse… Je t'aimais bien, tu sais. On aurait pu être heureux ensemble, toi et moi…

– Attends…

– Adieu.

– Laisse-moi encore quelques toutes petites minutes. Je voudrais te demander…

Elle commence à ne plus voir clair et sa tête tourne.

---

1   **le système de freinage** – *Bremssystem*
2   **se douter de qc** – *etw ahnen*
3   **ricaner** – *hämisch lachen*
4   **le râleur** *(ugs.)* – *Meckerer, Meckerfritze*

– Je t'en **supplie**[1].

L'homme a un dernier **rictus**[2]. Puis… il tombe à terre !

Une demi-heure plus tard, la police arrive chez Charlotte.

– Madame, je ne sais pas si je dois vous féliciter, lui dit le commissaire. Vous auriez pu **y laisser votre peau**[3] ! Pourquoi ne pas nous avoir appelés plus tôt ?

– Que voulez-vous ! Cette histoire a été un véritable **crève-cœur**[4] pour moi ! Alors, j'en ai fait une affaire personnelle. Je voulais absolument que ce faux docteur me raconte lui-même la vérité. C'était risqué bien sûr mais je savais que le **somnifère**[5] que j'avais mis dans le champagne agissait rapidement et qu'il était efficace. Quand il **s'est effondré**[6], je n'ai eu qu'à vous téléphoner.

Elle hésite, puis ajoute :

– J'ai juste oublié de lui demander l'essentiel.

– C'est-à-dire ?

– Son véritable prénom…

CRÈVE-CŒUR

---

1   **supplier qn –** *jdn anflehen*
2   **le rictus –** *verzerrtes Grinsen*
3   **y laisser sa peau** *(ugs.)* **–** *dran glauben müssen, dabei draufgehen*
4   **le crève-cœur –** *Jammer; Kummer*
5   **le somnifère –** *Schlafmittel*
6   **s'effondrer –** *zusammenbrechen*

L'hôpital de la Pitié-Salpêtrière, im 13. Arrondissement in Paris, wurde auf Veranlassung von Ludwig XIV. am Ende des 17. Jahrhunderts als Krankenhaus gebaut. 1789 – kurz vor der französischen Revolution – war es weltweit das größte Krankenhaus mit ca. 10.000 Patienten. Die meisten von ihnen waren Bettler. Heute ist es immer noch das größte Krankenhaus Frankreichs. Auf seinem Gelände kann man die *Chapelle Saint-Louis*, die Ludwig XIV. auch bauen ließ, besichtigen. Dort finden jedes Jahr zahlreiche Konzerte und Ausstellungen statt. In der Nähe befinden sich der *Jardin des Plantes*, ein botanischer Garten, und die im Jahr 1926 eingeweihte Moschee, die *Grande Mosquée de Paris*. Sie enthält einen Gebetsaal, eine Schule, eine Bibliothek, einen Konferenzsaal, ein Restaurant, einen Teesalon, ein Hammam und kleine Geschäfte – ein sehenswertes *monument historique* (Kulturdenkmal)!

3. LES VOLEURS DES MARAIS

Le commissaire Chollet regarde le paysage devant lui. À cette heure-ci, la **brume**[1] se lève à peine sur les **marais**[2]. Tout est silencieux. Au loin, un flamand rose s'envole. Les chevaux, **crinière**[3] et robe blanches ou grises, se déplacent lentement, par groupes de deux ou trois, insensibles à la **fraîcheur**[4] du matin.

– Si seulement ils pouvaient parler, se dit le commissaire. Ils me raconteraient ce qu'ils ont vu…

À côté de lui, le vieux Chazel a l'air sombre. Que pense-t-il à ce moment-là ? Difficile de le savoir. Ce n'est pas le genre de personne à communiquer sur ses sentiments. En tout cas, ce qui est sûr, c'est qu'il les aime, ses chevaux ! Sa **manade**[5] est le centre de sa vie. Les évènements des derniers mois sont un **coup dur**[6] pour lui !

– Commissaire ?

Chollet tourne la tête vers Lucas Deltour, son assistant :

– On a trouvé des traces de pas. Ce sont les mêmes que les autres fois : petites, pas trop profondes. Celles d'une femme ou d'un adolescent, peut-être…

– Rien d'autre ?

– Les traces mènent à la route. Des complices y attendaient sûrement le voleur et les chevaux.

Chollet est fatigué et il a froid. Il préfèrerait être au chaud devant un café. Mais aujourd'hui, pas possible de se reposer. Il

1 **la brume –** *(leichter) Nebel*
2 **le marais –** *Sumpfgebiet*
3 **la crinière –** *Mähne*
4 **la fraîcheur –** *Frische; Kühle*
5 **la manade –** *Zucht von wildlebenden Pferden oder Stieren in Camargue*
6 **le coup dur –** *schwerer Schlag*

va falloir encore s'occuper de cette histoire de vols de chevaux : c'est d'abord un des plus beaux **étalons**[1] de la manade qui a disparu pendant la nuit, puis, dans les semaines suivantes, d'autres chevaux. Ce matin, il s'agit d'une jeune **jument**[2]. Bien que dans la région les chevaux vivent en liberté, les vols y sont plutôt rares normalement. Ici, on respecte le cheval et son propriétaire. D'ailleurs, le voleur semble avoir un motif particulier puisqu'il s'intéresse seulement aux animaux de Chazel. Et il semblerait qu'il connaisse bien les **bêtes**[3] : il n'y a aucune trace de résistance sur le terrain. C'est donc qu'elles l'ont suivi sans problème.

– Monsieur Chazel, dit le commissaire. Vous avez un peu de temps pour qu'on discute ?

– Discuter ? Encore discuter ? Moi, je veux bien discuter. Mais combien de temps ça va durer avant que vous ne trouviez le **coupable**[4] ?

Le commissaire ne répond pas. Il est habitué à ce genre de reproches.

– C'est bon, finit cependant par dire Chazel.

Chollet et Deltour sont assis à table dans la cuisine de Chazel. Julie, sa fille, sert le café. Claudie, une jeune **palefrenière**[5] qui travaille depuis des années au service des Chazel, est debout derrière elle, les yeux rouges d'avoir pleuré : c'est sa jument préférée qu'on a prise cette nuit. Chollet observe les deux femmes, pensif. Dans ce genre d'affaire, tout est possible. Chacun peut être **suspect**[6].

---

1 **l'étalon (m)** – *Hengst*
2 **la jument** – *Stute*
3 **la bête** – *Tier; Vieh*
4 **le/la coupable** – *Täter(in)*
5 **le/la palefrenier(-ière)** – *Pferdepfleger(in)*
6 **suspect(e)** – *verdächtig*

– Réfléchissez-bien, Monsieur Chazel. Vous avez des ennemis ? Des personnes proches de vous peut-être ? Quelqu'un qui connaîtrait vos chevaux ?

– Commissaire, je vous l'ai déjà dit et je vous le répète : pour moi, il n'y a aucun doute, le voleur, c'est Georges Malabru. Nos familles se détestent depuis des générations. Et il est jaloux de mes chevaux !

Julie intervient :

– Ça pourrait aussi être les **Gitans**¹ ! Il y a un **campement**² pas loin.

Le commissaire **hoche la tête**³. Les Gitans **ont bon dos**⁴. Même s'ils sont bien accueillis en Camargue pendant leur grand **rassemblement**⁵ du mois de mai, ils sont souvent accusés de tous les **maux**⁶ par une grande partie de la population locale le reste de l'année.

– Qu'est-ce qui vous fait penser ça ?

– Ils connaissent bien le terrain.

– Bien, je vous remercie pour le café.

Le commissaire se lève et quitte la pièce.

– Alors ? demande Deltour quand ils sont dans la voiture. Qu'est-ce qu'on fait ?

– D'abord une visite chez Malabru…

– Malabru ? Mais on y est déjà allés plusieurs fois ! Ça n'a rien donné.

– Je sais. Mais on y retourne. Qui sait ? Peut-être qu'il aura plus de choses à nous raconter aujourd'hui. Ensuite, on ira faire un tour au campement des Gitans.

1	**les Gitans –** *Gitans (spanischstämmige Roma)*
2	**le campement –** *Lagerplatz, Siedlung*
3	**hocher la tête –** *mit dem Kopf nicken*
4	**avoir bon dos** *(ugs.)* **–** *herhalten müssen*
5	**le rassemblement –** *Treffen*
6	**les maux (mPl) –** *hier: Probleme, Übel*

– Et vous croyez qu'on sera les bienvenus ?
– On verra bien…

La visite chez Malabru ne dure pas longtemps :
– Encore vous !? Ça fait trois fois que vous venez chez moi me poser vos questions ! Chazel est un vieux fou ! Tout le monde le déteste ! Ses enfants même le **maudissent**[1] ! Oui, ses chevaux sont magnifiques, de la race des meilleurs. Oui, nous sommes de **farouches**[2] ennemis et je ne lui souhaite que du mal. Mais j'ai un **honneur**[3], moi, Messieurs. Voler des chevaux ? Jamais !

Au campement, les deux policiers ne sont pas mieux accueillis. Ils garent leur voiture à quelques mètres des caravanes. Ils en descendent et s'approchent des familles qui se réchauffent devant un feu. Ils sentent les regards **hostiles**[4] les observer. Personne ne les salue.

– Il y a quelqu'un à qui on peut parler ? Un responsable ou quelque chose comme ça ? demande le commissaire.

Un des Gitans, cigarette à la bouche, s'approche d'eux. Il a la cinquantaine et des allures de chef. Une petite fille d'environ sept ou huit ans, yeux et cheveux noirs, se tient derrière ses jambes comme si elle avait peur des policiers.

– Qu'est-ce que vous voulez ? demande l'homme au commissaire et à son adjoint.

– Commissaire Chollet, répond celui-ci en montrant sa carte. On **enquête sur**[5] une histoire de vols de chevaux. Chez Chazel. Vous le connaissez ?

– Bien sûr. Sa manade est connue dans toute la région. Et qu'est-ce qu'on a à faire avec ça ?

– Certaines personnes pensent que vous pourriez être coupables.

---

1   **maudire qn –** *jdn verfluchen*
2   **farouche** – *erbittert, heftig*
3   **l'honneur (m)** – *Ehre*
4   **hostile** – *feindselig; ablehnend*
5   **enquêter sur qc** – *in einer Sache ermitteln*

Aucune réaction. Le commissaire reprend :

– Moi, je ne le crois pas. Cependant, vous et les habitants du campement, vous connaissez beaucoup de monde par ici, non ? Vous travaillez souvent chez les gens des **alentours¹**. Vous avez peut-être une idée de ce qui s'est passé ?

En face de lui, l'homme **garde le silence²**.

– Bon, je vous laisse ma carte. Si vous entendez ou si vous voyez quelque chose qui pourrait faire avancer l'enquête, contactez-moi.

Chollet tend sa carte de visite, mais l'autre ne la prend pas. La carte tombe au sol. Chollet tourne le dos et repart vers sa voiture, suivi de Deltour. Ils remarquent que pendant leur conversation, la carrosserie **a été rayée³**.

En fin d'après-midi, Chollet sort du commissariat. Il a mal à la tête. Malgré le **mistral⁴**, il décide de rentrer à pied chez lui pour prendre un peu l'air. Au coin de la rue, sur le trottoir d'en face, il voit la petite fille du campement. Elle le regarde sans bouger. Chollet continue sa route et se retourne cent mètres plus loin. La petite fille est toujours derrière lui. Il **reprend sa marche⁵** jusqu'au parc. Là, il s'assoit sur un banc et choisit d'attendre. La fille vient vers lui.

– Monsieur… Je dois vous dire…

– Oui ?

– Allez voir du côté du Magic'Circus ce qu'on donne à manger aux lions.

– Pourquoi tu dis ça ?

– C'est mon cousin. C'est là qu'il travaille. Au cirque. Il a vu… Monsieur… moi, je ne vous ai rien dit, d'accord ?

---

1 **les alentours (mPl)** – *die Umgebung*
2 **garder le silence** – *schweigen*
3 **être rayé(e)** – *zerkratzt sein*
4 **le mistral** – *Mistral (Nordwind im Rhône-Tal)*
5 **reprendre sa marche** – *sich wieder auf den Weg machen; seinen Spaziergang fortsetzen*

Chollet sort son téléphone portable de sa poche :

– Allô Deltour ? On est partis pour des heures supplémentaires ! On **a du pain sur la planche**[1] ! Envoyez des hommes au Magic'Circus. Faites vérifier la viande qui est donnée à manger aux lions. Si vous découvrez quelque chose d'anormal, interrogez le directeur du cirque pour savoir d'où elle vient. Appelez-moi dès que vous avez des informations.

Chollet reste assis sur son banc. Il réfléchit à la situation en observant les feuilles soulevées par le vent. Deltour rappelle une heure plus tard :

– Commissaire, on a trouvé une **carcasse**[2] de cheval derrière les **enclos**[3] des lions. Voilà ce que mangent ces gentilles petites bêtes ! On n'a pas eu besoin de questionner longtemps le directeur : un vrai **lâche**[4] ! Il nous a tout de suite donné le contact de la personne qui a vendu le cheval. Déjà mort et bon marché, à ce qu'il nous a dit. Il **pleurnichait**[5] qu'il était désolé, qu'il ne recommencerait pas…

– Et ce contact ? De qui s'agit-il ?

– Dimitri Loubiokov. Un Russe qui s'est installé en France il y a une dizaine d'années. Déjà connu de nos services de police pour des petits délits. Il travaille comme **soi-disant**[6] « médium-thérapeute ». Il a ouvert un cabinet dans lequel il pratique notamment l'hypnose.

– Je vois… Il ne nous reste plus qu'à trouver le lien entre lui et le vol des chevaux. Trouvez-moi des informations sur Loubiokov : son passé, sa famille… Tout ! Ah oui, et je voudrais aussi la liste des personnes qui l'**ont consulté**[7] depuis qu'il a son cabinet.

---

1   **avoir du pain sur la planche** (ugs.) – *jede Menge Arbeit haben*
2   **la carcasse** – *Tierleiche; Gerippe*
3   **l'enclos** (m) – *Gehege*
4   **le/la lâche** – *Feigling; Angsthase*
5   **pleurnicher** (ugs.) – *flennen; rumjammern*
6   **soi-disant** – *angeblich, sogenannt*
7   **consulter qn** – *jdn aufsuchen*

Le lendemain, quand Chollet arrive au commissariat, Deltour a une nouvelle très intéressante : on a retrouvé le nom de Claudie, la jeune palefrenière des Chazel, dans la liste des clients de Loubiokov. Le commissaire décide aussitôt d'aller faire un petit tour chez elle. Il commande à Deltour :

– De votre côté, faites **surveiller**[1] discrètement l'hypnotiseur !

Claudie est surprise de la visite du commissaire.

– Ne vous inquiétez pas, lui dit-il. Deux ou trois petites questions de routine. Racontez-moi un peu : depuis quand travaillez-vous chez les Chazel ?

– Depuis que j'ai seize ans. Mais mon père était déjà à leur service. Je les connais depuis que je suis toute petite. Les Chazel sont plus que des employeurs pour moi. Je les **considère**[2] quasiment **comme** ma deuxième famille.

– Vous êtes satisfaite de vos conditions de travail ?

– Oui, je n'ai pas à me plaindre.

– Vous n'avez pas de problème particulier ?

– Mais bien sûr que non ! Pourquoi ces questions ?

– Est-ce que vous pourriez m'expliquer ce que vous faites pendant vos **séances**[3] avec Lioubokov ?

– Quoi ? Mais comment savez-vous que… ?

– Il est thérapeute, n'est-ce pas ? Pourtant, vous avez l'air d'aller plutôt bien…

– Oui, c'est vrai… Enfin… je me pose des questions sur ma vie. Comme tout le monde, quoi ! Ça me fait du bien d'aller au cabinet d'hypnose : monsieur Lioubokov me permet de travailler sur des blocages psychologiques que je peux avoir. Il m'aide à **aller de l'avant**[4].

1 **surveiller qn** – *jdn beobachten; jdn überwachen*
2 **considérer comme** – *betrachten als; halten für*
3 **la séance** – *Sitzung; Behandlungstermin*
4 **aller de l'avant** – *vorwärtskommen*

En sortant de chez Claudie, le commissaire aperçoit une paire de bottes sales dans l'entrée.

– Je peux les prendre ? demande-t-il. Je vous les ramène demain.

Claudie accepte.

Chollet est dans son bureau. On frappe à la porte. C'est Deltour. Le commissaire informe directement son adjoint de ses dernières découvertes :

– Les bottes de Claudie sont **bel et bien**[1] celles du voleur. Pourtant, je ne sais pas pourquoi, je n'arrive pas à croire qu'elle soit coupable ! Elle me semble trop naïve, trop honnête.

– En tout cas, si elle est coupable, elle n'a pas agi seule, fait remarquer Deltour. De mon côté, j'ai du nouveau sur Lioubokov. On a appris qu'il retrouvait régulièrement un homme dans un café. On a fait suivre cet homme : il loge dans un hôtel où il a une chambre au nom de… Chazel !

– Chazel ?…

Tout à coup, le visage du commissaire **s'éclaire**[2] :

– Mais oui ! Rappelez-vous chez Malabru : il nous a parlé DES enfants de Chazel. Vite ! Chez Claudie ! Je dois vérifier quelque chose !

Une fois chez Claudie, le commissaire l'interroge **sans détour**[3]. Il obtient ainsi la confirmation que Chazel n'a pas qu'une fille. Il a aussi un fils, Stéphane. Celui-ci a quitté le domicile familial il y a plusieurs années suite aux conflits qu'il avait avec son père.

– Moi personnellement, j'aime beaucoup monsieur Chazel et il a toujours été gentil avec moi, explique Claudie. Mais avec son fils, il était extrêmement dur. Il le considérait comme un **incapable**[4].

---

1   **bel et bien** – *tatsächlich; definitiv*
2   **s'éclairer** – *sich aufhellen*
3   **sans détour** – *ohne Umschweife; unverblümt*
4   **l'incapable (m/f)** – *Versager(in); Stümper(in)*

– Comment a réagi le père Chazel au départ de son fils ?

– Il était **fou de rage**[1]. J'ai appris qu'il l'**avait déshérité**[2] peu de temps après.

– Vous dites que Stéphane n'est jamais revenu… Alors, vous-même, vous ne l'avez jamais revu ?

Claudie rougit.

– Eh bien… Ce que je vous raconte restera entre nous ? Monsieur Chazel n'en saura jamais rien ?

– Promis.

– Stéphane Chazel est venu me voir il y a quelques mois. Il était de passage dans la région pour régler une affaire personnelle. On s'entendait bien tous les deux. On a passé la soirée ensemble à parler de nous, de nos vies…

– Vous lui **avez confié**[3] vos séances chez Dimitri Lioubokov ?

– Oui. Je lui en ai parlé comme on parle de ces choses-là avec un ami.

– Vous aviez confiance en lui. Pourtant, il vous **a roulé dans la farine**[4].

– Qu'est-ce que vous voulez dire ?

– Quand il a appris que vous consultiez un hypnotiseur, le fils Chazel a eu la bonne idée de se renseigner sur lui, puis de lui proposer de l'aider dans son projet : voler les chevaux de son père. Un service **rémunéré**[5] bien sûr. Lioubokov vous a hypnotisée pour faire de vous une complice. Vous alliez chercher les chevaux dans les marais et vous les rameniez jusqu'à la route où un des deux **malfaiteurs**[6] vous attendait.

– Non, je vous assure, c'est faux ! Je n'ai rien fait de tout ça !

– Vous ne vous souvenez plus de rien. C'est normal. C'est ainsi que fonctionne l'hypnose.

---

1   **fou/folle de rage** – *rasend vor Wut; fuchsteufelswild*
2   **déshériter qn** – *jdn enterben*
3   **confier qc à qn** – *jdm etw anvertrauen; jdm etw mitteilen*
4   **rouler qn dans la farine** (ugs.) – *jdn an der Nase herumführen; jdn übers Ohr hauen*
5   **rémunéré(e)** – *bezahlt, vergütet*
6   **le/la malfaiteur(-trice)** – *Übeltäter(in)*

Quelques jours plus tard, Lioubokov et Stéphane Chazel sont arrêtés et les chevaux volés sont retrouvés dans un hangar. Tous sauf une jument, celle dont la viande a été vendue au cirque. La pauvre bête ayant été blessée pendant le transport, les deux voleurs l'**avaient abattue**[1]. La police apprend par ailleurs que le jeune Chazel avait l'intention d'ouvrir un **haras**[2] en Russie avec des chevaux de Camargue : prendre les chevaux de son père était sa manière de **récupérer** [3] l'**héritage**[4] dont il avait été privé.

– Quelle honte ! Ce fils est ma honte !

Le commissaire Chollet est venu faire une dernière visite à Chazel. Il écoute ses **jérémiades**[5] et regrette un peu d'être là.

– Arrêtez Monsieur Chazel !

Ils se tournent tous les deux, surpris, vers Claudie qui a parlé. C'est la première fois qu'elle **tient tête à**[6] son employeur.

– Vous êtes dur. Pauvre Stéphane ! Il avait besoin de vous. Moi en tout cas, je lui ai pardonné. Que voulez-vous ? Il n'a pas toujours eu la vie facile.

Au loin, les chevaux se déplacent lentement, par groupes de deux ou trois. Un flamand rose s'envole. La brume tombe sur les marais et les **moustiques**[7] commencent à attaquer.

– Il est temps de rentrer, se dit le commissaire Chollet.

---

1   **abattre** – *schlachten; erschießen*
2   **le haras** – *Gestüt*
3   **récupérer qc** – *etw zurückbekommen; etw sicherstellen*
4   **l'héritage (m)** – *Erbe, Erbschaft*
5   **la jérémiade** – *Gejammer*
6   **tenir tête à qn** – *jdm Paroli bieten*
7   **le moustique** – *Mücke*

➤ **La Camargue** ist ein geschützter regionaler Naturpark und ein großes Biosphärenreservat im Süden Frankreichs. Diese große Schwemmlandebene am Mittelmeer im Rhône-Delta ist bekannt für ihre Moore und Sumpfgebiete, in der es zahlreiche, einzigartige Pflanzen und Tiere gibt, wie z. B. ca. 30.000 Flamingos, oder die wildlebenden weißen Camargue-Pferde – eine nur hier vorkommende Pferderasse –, und nicht zuletzt auch unzählige Mücken! Die Camargue-Stiere sind zum Symbol für die Region geworden.

Die beiden größten Städte sind Arles im Norden und Les Saintes-Marie-de-la-Mer im Süden. Am 24. Mai treffen sich dort die sogenannten *Gitans* („fahrendes Volk") aus ganz Europa zur traditionellen Wallfahrt, um ihre Schutzpatronin, die heilige schwarze Sara, zu feiern. Von der mittelalterlichen Festungskirche wird die Statue der Heiligen in einer Prozession bis zum Meer getragen. Dieser Anlass lockt jedes Jahr tausende Touristen an, wovon auch die Einheimischen profitieren.

LES VOLEURS DES MARAIS

4. LA VIEILLE KATELL

Je suis retournée sur l'île de Bréhat. Quinze ans après l'**effroyable**[1] *entsetzlich* aventure que j'y ai vécue avec Célia. J'ai beaucoup hésité. Pourquoi remuer un passé douloureux ? Mais revenir sur les lieux du crime était une sorte de thérapie : cela devait m'aider à tourner définitivement la page sur cet évènement tragique de ma vie. Un beau matin du mois d'août, j'ai donc pris le bateau au départ de Paimpol en direction de l'île, avec l'intention de rentrer le soir même. Une fois arrivée au port de Bréhat, je suis allée vers la *Kap* **pointe**[2] du Rosedo, là où se trouvait la maison de la vieille Katell. Pendant les dernières années, elle avait été **laissée à l'abandon**[3] et elle **tombait** un peu **en ruine**[4]. Cependant, je l'ai reconnue tout de suite. Je me suis alors souvenue comme si c'était hier.

Célia et moi, nous nous étions rencontrées en septembre à l'université à Paris et rapidement, nous étions devenues amies. Comme nous n'**étions** pas très **fêtardes**[5], ni l'une ni l'autre, nous avions décidé de passer la Saint-Sylvestre sur l'île de Bréhat. Célia avait réservé une chambre dans une **maison d'hôtes**[6] pas trop chère. Nous étions étudiantes avec peu d'argent ! Nous nous imaginions passer une soirée tranquille et romantique, à discuter ou à lire. Le mauvais temps breton ne nous faisait pas peur !

Le trente et un décembre, nous avions commencé par faire une petite promenade sur l'île, sacs sur le dos. Avant de passer

---

1   **effroyable** – *entsetzlich, grauenhaft*
2   **la pointe** – *Landzunge; Kap; Spitze*
3   **laisser qc à l'abandon** – *etw verwahrlosen lassen*
4   **tomber en ruine** – *verkommen, zerfallen*
5   **être fêtard(e)** – *gerne feiern*
6   **la maison d'hôtes** – *Gästehaus*

le *Penn ar Prad*, le nom breton du pont qui traverse l'île, nous nous étions arrêtées pour prendre un verre dans une auberge qui faisait aussi bistrot-restaurant. Le ciel était légèrement couvert et nous avions encore une ou deux heures devant nous avant que la nuit ne tombe.

L'auberge était presque vide. La serveuse, qui était sans doute aussi la propriétaire, était une grosse femme, **avachie**[1] sur une chaise près du bar. Elle avait pris la commande, puis elle n'avait plus fait vraiment attention à nous. Deux clients étaient assis à une table. Il s'agissait de deux hommes d'une quarantaine d'années, visiblement **éméchés**[2], qui buvaient leurs bières en riant. Assez rapidement, ils s'étaient intéressés à nous et **avaient engagé la conversation**[3] :

– Eh bien, Mesdemoiselles. Où est-ce que vous allez comme ça ? Ce n'est pas une saison pour faire de la randonnée !

– On passe la soirée du Nouvel an ici. On a réservé une chambre dans une maison d'hôtes.

– Ah oui ? Laquelle ?

Célia me faisait des signes discrets pour me demander de ne pas leur parler. Mais comment les ignorer sans être impolie ? Et puis, ces deux-là ne me faisaient pas peur. Alors j'ai répondu :

– Elle s'appelle la Maison des Trois **hortensias**[4].

Là, ils se sont regardés quelques secondes en silence, puis ils ont éclaté de rire.

– Les Trois hortensias ? Vous voulez dire, chez Katell ? La vieille folle ? a demandé l'un.

Et l'autre a ajouté :

– Vous feriez mieux de dormir ici. Il y a des chambres à l'étage.

1 **avachi(e)** – *hier: lustlos*
2 **éméché(e)** *(ugs.)* – *beschwipst*
3 **engager la conversation (avec qn)** – *(mit jdm) ins Gespräch kommen, (jdn) ansprechen*
4 **l'hortensia (m)** – *Hortensie*

Célia a réagi un peu brusquement :

– Certainement pas ! Bon, Mathilde, on y va maintenant ?
Le temps **se gâte**[1] dehors.

Effectivement, le ciel était maintenant plein de gros nuages.
Une pluie fine et grise tombait. Nous avons payé l'addition et
nous avons repris la route. Le tonnerre grondait au loin. Les
vagues frappaient sur les rochers et j'avais un peu peur parce
que j'avais déjà entendu dire qu'elles sont parfois si fortes
en Bretagne qu'elles peuvent emporter une personne. Nous
avons marché une vingtaine de minutes et finalement, nous
sommes arrivées à une maison en pierre et au **toit d'ardoise**[2].
Rien n'indiquait qu'il s'agissait d'une maison d'hôtes et seule
une faible lumière brillait à l'intérieur. Nous avons frappé
timidement à la porte. Quelqu'un a ouvert :

– Entrez.

Nous avons suivi la vieille dame jusqu'à une pièce assez
vaste. Un feu brûlait dans la cheminée. Il y avait pour tout
meuble une grande table, des chaises, un fauteuil et un buffet :
un mobilier **rustique**[3] mais en bois sculpté, apparemment très
ancien.

Bien qu'elle ne nous ait pas dit son prénom, nous avons
supposé que cette dame était Katell. Elle avait des cheveux
blancs relevés dans un **chignon**[4] et portait une robe noire triste
et **austère**[5]. Elle était maigre et elle avait l'air pauvre. Pourtant,
elle portait au doigt une bague en or. Elle me faisait penser à ces
vieilles **avares**[6] qui économisent toute leur vie et qui finalement

---

1   **se gâter –** *hier: umschlagen, sich verschlechtern*
2   **le toit d'ardoise –** *Schieferdach*
3   **rustique –** *urig; rustikal*
4   **le chignon –** *Hochfrisur; Dutt*
5   **austère –** *streng; schlicht*
6   **l'avare (m/f) –** *Geizhals*

meurent avec un **magot**[1] sous leur matelas ! En tout cas, elle semblait sortie d'une autre époque. Une photo de mariage en noir et blanc était accrochée au mur. Elle devait dater des années soixante ou soixante-dix. J'ai pensé qu'il s'agissait de Katell et son mari. Ils avaient l'air sérieux, tous les deux, sur cette image. Ils ne donnaient aucune impression de bonheur.

Katell avait préparé trois couverts sur la table. Elle nous a invitées à nous asseoir et nous a servi le dîner. Dans d'autres circonstances, j'aurais adoré être dans ce lieu authentique. Mais en fait, je me sentais mal. Dehors, le vent soufflait et ressemblait à une longue **plainte**[2]. Célia et moi, nous ne savions pas trop quoi dire.

C'est Katell qui a **pris la parole**[3]. Elle a parlé d'une voix lente et **tourmentée**[4] :
– Vous les entendez crier ? Ce sont les marins qui pleurent. Ceux qui sont morts en mer. Ce soir, ils vont revenir. Ils viennent chercher les vivants. Ils ne veulent pas être seuls.

Je regardais Célia qui, ne sachant comment réagir, avait les yeux baissés vers son assiette. La vieille continuait :
– Mon mari aussi était marin. Il a disparu un soir de tempête. Depuis, il vient régulièrement me rendre visite. Je l'entends qui ouvre la porte de la maison. Il monte dans l'escalier et s'approche de ma chambre, à chaque fois un peu plus près.

Un **volet**[5] a claqué contre un mur à ce moment-là. J'**ai sursauté**[6].
– Ce soir, c'est le dernier soir. Il va m'emporter avec lui.

1   **le magot** *(ugs.)* – *hübsche Summe*
2   **la plainte** – *hier: Wehklage*
3   **prendre la parole** – *das Wort ergreifen*
4   **tourmenté(e)** – *besorgt; gequält*
5   **le volet** – *Fensterladen, Holzladen*
6   **sursauter** – *zusammenzucken, aufschrecken*

J'ai regardé l'homme sur la photo. On aurait dit qu'il nous observait. J'ai tourné la tête. Mais qu'est-ce qu'on faisait donc ici, Célia et moi ? Quelle ambiance **pesante**[1] !…

Et Katell a continué comme ça à nous raconter ses histoires jusqu'à la fin du repas. Nous n'avions bien sûr aucune envie de rester avec elle plus longtemps. Après le dessert, nous lui avons donc expliqué que nous étions fatiguées et que nous voulions aller nous coucher. Elle nous a montré notre chambre, à l'étage. Elle dormait dans la pièce d'à côté.

Une fois la porte fermée, Célia et moi **avons éclaté de rire**[2] nerveusement. Nous ne pouvions plus nous arrêter.
– Le deux **ivrognes**[3] avaient raison ! Quelle folle !

Malgré nos sarcasmes, nous avons préféré fermer la porte à clé. Nous **nous sommes allongées**[4] et nous avons un peu discuté. Mais ni Célia ni moi ne pouvions vraiment oublier Katell et ses **délires**[5]. Au bout d'un moment, Célia m'a avoué :
– Ne te moque pas de moi, s'il te plaît… La vieille m'a fait tellement peur avec ses histoires de **fantômes**[6]… Regarde ce que j'ai pris discrètement sur la table.

Et elle a sorti de sous l'oreiller un grand couteau de cuisine. J'ai ri, mais ce n'était pas un rire très naturel. Puis nous avons entendu Katell se mettre au lit. Nous avons alors éteint la lumière. Dehors, la tempête **était à son comble**[7]. Les minutes, les heures peut-être, passaient. Je ne dormais toujours pas. Célia non plus. Tout à coup, nous avons entendu la porte

---

1   **pesant(e)** – *bedrückend*
2   **éclater de rire** – *loslachen; sich totlachen*
3   **l'ivrogne (m/f)** – *Säufer(in)*
4   **s'allonger** – *sich hinlegen*
5   **le délire** – *Wahnvorstellung; Wahnsinnsanfall*
6   **le fantôme** – *Geist; Gespenst*
7   **être à son comble** – *seinen Höhepunkt erreichen*

du bas s'ouvrir brusquement. Le vent ? Non. Nous avons entendu quelqu'un monter lentement les **marches**[1] de l'escalier. Instinctivement, j'**ai rejoint le lit**[2] de Célia. L'une contre l'autre, nous avons attendu, terrorisées. Célia tenait fort le couteau dans sa main. La personne s'est arrêtée devant notre porte. Puis, elle a essayé d'ouvrir. **En vain**[3]. Heureusement, elle **n'a pas insisté**[4]. Elle a continué vers la chambre de Katell. À partir de ce moment-là, nous n'avons plus rien entendu. Et je ne sais pas comment, je me suis finalement endormie. Profondément.

Au matin, nous étions heureuses de revoir la lumière du jour. Nous avons attendu dix heures pour sortir de la chambre. Nous étions d'accord toutes les deux pour dire au revoir à Katell et prendre le premier bateau qui nous ramènerait à Paimpol. Nous avons cherché Katell en bas. Elle n'était pas là. Dans le jardin non plus. Nous avons frappé à sa chambre. Aucune réponse. Nous avons essayé d'ouvrir la porte : elle était fermée à clé. Alors, Célia a dit :

– Écoute, on ne va pas rester là ! Viens, on part !

Et nous sommes retournées à Paimpol d'abord, puis chez nous, à Paris, le plus rapidement possible. Mais je n'y ai pas trouvé le calme. Toute cette histoire me **tracassait**[5]. Avions-nous rêvé le visiteur de la nuit ? Ou est-ce que quelqu'un était vraiment entré dans la maison ? Dans ce cas, qui ? Un des deux hommes que nous avions rencontrés la **veille**[6] à l'auberge ? Et pourquoi Katell n'avait-elle pas ouvert la porte de sa chambre le matin ? Je repensais à ses histoires morbides. J'**étais mal à l'aise**[7]. J'ai donc fait une petite recherche sur Internet sans trop

1 la marche – *Stufe*
2 rejoindre le lit – *ins Bett kriechen*
3 en vain – *erfolglos, vergeblich*
4 ne pas insister – *aufgeben*
5 tracasser qn – *jdm zusetzen; jdn beunruhigen*
6 la veille – *am Tag zuvor, am Vortag*
7 être mal à l'aise – *sich unwohl fühlen*

savoir, d'ailleurs, ce que je cherchais. J'ai commencé par taper sur Google : *Bréhat, maison d'hôtes, Trois hortensias, Saint-Sylvestre*. Un lien vers un article du journal *Quest-France* est tout de suite apparu. En titre : *Meurtre **sanglant**[1] à Bréhat la nuit de la Saint-Sylvestre*. J'ai lu la suite : *Katell Lebellec, âgée de quatre-vingts ans, tenait une petite pension sur l'île de Bréhat. Elle a été **sauvagement**[2] tuée dans la nuit du trente et un décembre au premier janvier par trois coups de couteau. La police recherche actuellement deux jeunes femmes **suspectes**[3].*

Comment décrire le sentiment d'horreur que j'ai ressenti à ce moment-là ? Il n'y a pas de mots… Je **frissonnais**[4] en imaginant les derniers instants tragiques de la pauvre Katell. Je frissonnais en imaginant que le tueur avait été si proche de nous. Il aurait pu nous tuer nous aussi. Je frissonnais de savoir que nous étions suspectes. Évidemment : nous avions passé la nuit chez Katell. Il y avait des **témoins**[5] : les deux hommes que nous avions rencontrés dans l'auberge. Et nous avions laissé des **empreintes digitales**[6] dans toute la maison… Que faire ? Attendre que la police frappe à notre porte ? Si on avait de la chance, peut-être qu'elle ne nous retrouverait jamais… Ou bien se rendre directement au commissariat le plus proche ? Expliquer la situation ? Dire que nous étions innocentes ? Mais est-ce qu'on nous croirait ?

J'ai appelé Célia. Je lui ai raconté ce que je venais de lire. J'étais surprise qu'elle réagisse de manière aussi calme. Comme si elle avait déjà été informée des évènements. Elle pensait, elle, qu'il ne fallait pas aller voir la police. Que c'était trop risqué. Mais je ne l'ai pas écoutée. Je suis allée au commissariat. Seule.

1	**sanglant(e)** – *blutig*
2	**sauvagement** – *brutal; auf bestialische Weise*
3	**suspect(e)** – *verdächtig*
4	**frissonner** – *zittern; erschauern*
5	**le témoin** – *(Augen)zeuge*
6	**l'empreinte (f) digitale** – *Fingerabdruck*

Et ce premier **désaccord**[1] a été le début de la fin de notre amitié, à Célia et moi.

Nous avons dû répondre à de nombreuses questions. Les policiers pensaient avoir trouvé l'**arme du crime**[2] dans la chambre où nous avions dormi : le couteau de cuisine que Célia avait caché sous son oreiller, avec ses empreintes à elle, naturellement ! La **lame**[3] correspondait à celle qui avait tué la vieille dame. Nous avons appris que le fils de Katell était venu rendre visite à sa mère le premier janvier vers midi pour lui souhaiter la bonne année. C'est lui qui avait trouvé le corps. Il avait aussi signalé un vol. En effet, la vieille Katell était moins pauvre qu'elle n'en avait l'air. Elle possédait des bijoux de famille qui avaient disparu. Le meurtrier avait certainement tué pour voler. Célia a été accusée. Le seul élément qui manquait aux policiers, c'était de savoir où elle avait mis les bijoux. Pendant toute la durée de l'**enquête**[4], puis du procès, elle a affirmé qu'elle était innocente. Inutile de préciser que je vivais un véritable **enfer**[5]. Et Célia encore plus, sans doute. Mais elle refusait de me parler. Je ne sais pas pourquoi. Peut-être qu'elle me reprochait d'**être en** moins **mauvaise posture**[6] qu'elle… Qu'est-ce que je pouvais faire pour l'aider ? Je me sentais impuissante.

Un jour, un ami m'a dit :
– Pourquoi est-ce que tu es tellement sûre que Célia est innocente ? Finalement, quand vous êtes parties ensemble sur l'île de Bréhat, tu ne la connaissais pas si bien… Elle avait besoin d'argent pour financer ses études, non ? Et tu as toi-même vu qu'elle avait un couteau entre les mains. Elle aurait très bien pu tuer la vieille pendant que tu dormais. Ta réaction est très

1 **le désaccord** – *Unstimmigkeit*
2 **l'arme (f) du crime** – *Tatwaffe, Mordwaffe*
3 **la lame** – *(Messer)klinge*
4 **l'enquête (f)** – *Ermittlung*
5 **l'enfer (m)** – *Hölle*
6 **être en mauvaise posture** *(ugs.)* – *schlecht/böse dran sein*

banale : les amis ou les membres de la famille des tueurs sont toujours les derniers à accepter la réalité.

J'ai donc commencé à douter. Célia, elle, a été condamnée à quinze ans de prison pour **homicide**[1].

Quinze ans. Célia devrait donc avoir été libérée **récemment**[2]. Je ne sais pas. Je n'ai plus eu de nouvelles. Je lui ai écrit une fois. Elle ne m'a jamais répondu. Aujourd'hui, je suis devant la maison de Katell. La maison du **cauchemar**[3]. La maison laissée à l'abandon et qui tombe en ruine. J'ai choisi un jour de beau temps parce que ce sont les jours de tempête que les marins morts en mer viennent chercher les vivants. En tout cas, c'est ce que Katell disait. Je ne sais pas pourquoi je suis revenue. Je frappe. Bien sûr, personne ne répond. La maison est vide. Je pousse un peu la porte : elle s'ouvre. J'entre. Je reconnais la salle à manger, mais les meubles et la photo ne sont plus là. Je monte les escaliers. Doucement, parce qu'ils sont vieux. Il ne faudrait pas qu'ils cassent. Je reconnais les portes des deux chambres. La nôtre : elle est fermée à clé. Celle de la vieille Katell. Et dans un **éclair**[4], je revois comme le sang **a jailli**[5] quand je l'ai tuée, cette nuit où les **âmes**[6] des marins m'**ont possédée**[7].

---

1 **l'homicide (m) (volontaire)** – *Totschlag*
2 **récemment** – *vor kurzem, unlängst*
3 **le cauchemar** – *Alptraum*
4 **l'éclair (m)** – *hier: Geitesblitz*
5 **jaillir** – *herausspritzen*
6 **l'âme (f)** – *Seele*
7 **posséder qn** – *von jdm Besitz ergreifen*

L'île de Bréhat ist ein Inselarchipel im Norden der Bretagne. Die Hauptinsel besteht eigentlich aus zwei Inseln, die mit einer Brücke, der sogenannten *Pont-Vauban* oder auf Bretonisch *pont ar Prad*, verbunden sind. Dank der *vedettes de Bréhat* (Schnellboote) gelangt man das ganze Jahr über in nur wenigen Minuten zum Festland. Die nächste Stadt ist die malerische Hafenstadt Paimpol. Auf der Insel sind Autos verboten. Die wunderschöne Landschaft wird geprägt von zahlreichen Blumen: große Hortensien, Mimosen, Eukalyptus, usw. sowie vom rosa Granitstein – daher auch der Beiname der Insel *„L'île des fleurs et des rochers roses"* (Insel der Blumen und der rosa Felsen).

Es leben heute ca. 400 Menschen auf der Insel. Im Sommer sind es jedoch Tausende! Die bretonische Sprache war bis Anfang des 19. Jahrhunderts die alleinige Sprache der Insel. Seit den Vierzigerjahren des 20. Jahrhunderts ist sie dort jedoch so gut wie ausgestorben.

LA VIEILLE KATELL

5. LA FIN DU COMBAT

Quand les pompiers *Feuerwehr* sont entrés chez Amélia Viota, ils ont tout de suite senti l'odeur de mort. Pendant deux jours, Bixente avait essayé de téléphoner à sa grand-mère. Comme celle-ci ne répondait pas, il s'était inquiété. Alors, il était allé sonner chez elle. Personne n'avait ouvert. Bixente avait immédiatement appelé les secours. La chambre était en désordre. Les tiroirs **avaient été** ouverts et **renversés**[1]. Amélia **avait été étouffée**[2] sous son oreiller.

– Alors, résume le commissaire, Amélia Viota est née en 1950 et a vécu toute sa vie à Bayonne, dans le vieux quartier de la ville. Elle a travaillé comme secrétaire. Elle s'est mariée en 1976 et elle a eu une fille, votre mère. Son mari et sa fille sont aujourd'hui **décédés**[3]. À part sa sœur qui est en maison de retraite, vous étiez sa seule famille.

Bixente, encore sous le choc de la nouvelle, **acquiesce**[4].

– Vous ne pouvez vraiment pas nous dire si quelque chose a disparu chez elle ?

– Je suis désolé. Je ne sais pas exactement ce que ma grand-mère possédait. Mais sûrement pas grand-chose. Elle ne **roulait pas sur l'or**[5].

– Vous m'avez dit que c'était une femme sans problèmes. Vous ne lui connaissiez pas d'ennemis ?

– Aucun. Tout le monde l'adorait. Elle **avait le cœur sur la main**[6].

---

1   **renverser** – *umkippen*
2   **étouffer** – *ersticken*
3   **décédé(e)** – *verstorben*
4   **acquiescer** – *zustimmen*
5   **rouler sur l'or** (*ugs.*) – *im Geld schwimmen*
6   **avoir le cœur sur la main** – *freigebig sein*

– Pas d'engagement politique ni de **militantisme**[1] ?

– Elle s'intéressait beaucoup à la politique, elle avait ses **convictions**[2]. Mais comme beaucoup de gens.

– Bon, je vous remercie. Si quelque chose vous revient en mémoire, qui pourrait nous être utile, n'hésitez pas à m'appeler.

Quand il se retrouve seul, Bixente se sent **accablé**[3]. À la lumière du drame qui vient d'avoir lieu, il s'aperçoit qu'il ne connaissait pas si bien sa grand-mère. Il regrette de ne pas lui avoir posé plus de questions lorsqu'elle était encore en vie. Maintenant, il est trop tard. Il décide alors d'aller rendre visite à Maïdère, la sœur d'Amélia. Ça fait longtemps qu'il ne l'a pas vue. Et puis qui sait ? Bien qu'elle **n'ait plus toute sa tête**[4], elle aura peut-être des choses intéressantes à raconter.

Sur la route qui le mène à la maison de retraite, il remarque que les rues sont pleines d'affiches politiques. Les **élections municipales**[5] vont bientôt avoir lieu. Les candidats semblent regarder les passants droit dans les yeux et leur dire : « Votez pour moi ! Votez pour moi ! ». L'attention de Bixente s'arrête sur l'un d'eux, Miguel Basquez. Il est connu dans la région comme **promoteur immobilier**[6]. C'est un homme riche qui s'est spécialisé dans la construction de villas et de casinos. Bixente se demande s'il va aller voter cette fois-ci. La politique le désespère…

– Albi ! Comme ça me fait plaisir de te voir ! s'exclame Maïdère quand Bixente entre dans sa chambre. Elle est assise sur un fauteuil, vêtue d'une chemise de nuit et d'une robe de chambre.

– Bonjour Maïdère ! Tu ne me reconnais pas ? Je ne suis pas Albi, je suis Bixente, le petit-fils d'Amélia.

1   **le militantisme** – *Aktivismus*
2   **la conviction** – *Überzeugung*
3   **accablé(e)** – *niedergeschlagen*
4   **ne plus avoir toute sa tête** – *nicht mehr im Vollbesitz seiner geistigen Kräfte sein*
5   **l'élection (f) municipale** – *Kommunalwahl*
6   **le promoteur immobilier** – *Bauträger*

– Ah bon… Mais tu ressembles tellement à Albi. Et Amélia, comment va-t-elle ?

Bixente n'a pas le courage de dire la vérité.

– Euh… Très bien. Elle te passe le bonjour.

– Ah d'accord. Et toi Albi, comment vas-tu ? Je me fais du souci, tu sais… Pour toi, pour Amélia…

Bixente **renonce**[1] alors **à** lui répéter son véritable prénom pour ne pas la **perturber**[2] et accepte l'identité qu'elle lui donne.

– Je vais bien. Ne te fais pas de souci…

– Tu es un garçon courageux, je sais, mais tu prends des risques…

Bixente sourit gentiment à Maïdère. Elle, elle a le regard absent quelques minutes. Puis, tout à coup, elle se lève, ouvre son placard et en sort une photo. Elle la montre à Bixente :

– Albi, tu te souviens ? C'est nous ! On était si jeunes. Tellement prêts à se battre **pour la bonne cause**[3] !

Bixente observe le cliché jauni. Il y voit cinq personnes, deux femmes et trois hommes, assis à la terrasse d'un café, l'air heureux et **unis**[4]. Il retourne la photo. Au dos, quelqu'un a écrit au crayon de papier l'année, mille neuf cent soixante-quatorze, et les noms et prénoms des cinq compagnons : à côté de Maïdère et d'Amélia se trouvent Albi Gabarra, Ramutxo Esquiroz et Iban Maury.

– Prends-la, lui commande Maïdère. C'est pour toi.

Le lendemain, Bixente est réveillé par la sonnette de la porte. Deux policiers lui demandent de le suivre au commissariat, où le commissaire lui **réserve un accueil glacial**[5].

– Écoutez, je **ne** vais **pas y aller par quatre chemins**[6]. Maïdère Etcheverry a été retrouvée morte à la maison de retraite.

---

1   **renoncer à faire qc** – *ausschlagen, etw zu tun*
2   **perturber** – *hier: durcheinanderbringen*
3   **pour la bonne cause** – *für einen guten Zweck; für die gute Sache*
4   **uni(e)** – *einig*
5   **réserver un accueil glacial** – *einen eisigen Empfang bereiten*
6   **ne pas y aller par quatre chemins** *(ugs.)* – *ohne Umschweife zur Sache kommen*

Étranglée[1].

– Quoi ? Mais je lui ai rendu visite hier après-midi !

– Justement. Qu'est-ce que vous lui vouliez ?

– Mais… Rien. Enfin, pas grand-chose. Parler avec elle de ma grand-mère. Lui faire raconter des souvenirs…

– Sa chambre **a été fouillée[2]**, sans doute par l'auteur du meurtre. Vous avez une idée de ce qu'il cherchait ?

– Absolument pas !

Au moment même où Bixente prononce ces mots, la photo lui revient à l'esprit. Cependant, son instinct lui dicte de rien en dire au commissaire. Plus tard, à la maison, il allume son ordinateur et cherche sur Internet le nom des trois derniers personnages qui étaient sur la photo. Sur le site des pages blanches de l'**annuaire[3]**, il trouve l'adresse et le numéro de téléphone d'Albi Gabarra.

Il compose le numéro plusieurs fois. Finalement, quelqu'un décroche :

– Allô ?

– Bonjour. J'aurais aimé parler à monsieur Gabarra, s'il vous plaît.

– C'est moi.

– Je suis le petit-fils d'Amélia Viota. Ce nom vous dit quelque chose ?

– Amélia Viota ? Et comment que ça me dit quelque chose ! J'ai appris ce qui lui était arrivé. C'est affreux. Je suis désolé. Qu'est-ce que je peux faire pour vous ?

– Si vous avez un peu de temps, j'aimerais bien vous rencontrer. J'ai besoin… Je… Je vous expliquerai ! Mais c'est important…

---

1 **étranglé(e) –** *erwürgt*
2 **fouiller qc –** *etw durchsuchen*
3 **l'annuaire (m) –** *Telefonbuch*

– On peut se retrouver demain à 14 heures dans **le petit Bayonne**[1] au Larre Etxea. Vous connaissez ce café ?

– Oui, pas de problème. À demain, alors.

À l'heure prévue, Bixente attend impatiemment Albi. Au bar, deux hommes parlent politique et élections municipales :

– Je te dis que Basquez est un menteur ! Il n'y a qu'à le regarder pour le voir ! Tu ne vas quand même pas voter pour lui ?

– Et pourquoi pas ? C'est un homme qui a réussi. Il peut faire du bien aux finances de la ville.

Bixente les laisse à leurs **bavardages**[2]. Il a la photo dans son sac et de nombreuses questions à poser à Albi. Comment les cinq amis se sont-ils connus ? Quel lien les unissait pour leur donner cet air joyeux et solidaire sur la photo ? Et Amélia ? Quel genre de femme était-elle dans sa jeunesse ? Albi était-il encore en contact avec elle ? A-t-il des idées sur l'identité possible du ou des tueurs ? Bixente attend, attend, attend. Il regarde les minutes passer les unes après les autres sur l'écran de son téléphone portable.

À quinze heures, il se décide à téléphoner chez Albi. Une voix de femme lui répond :

– Allô ?

– Bonjour Madame. Bixente Viota à l'appareil. Je voudrais parler à monsieur Gabarra. Il est là ?

Un silence de plusieurs secondes **s'ensuit**[3]. La femme dit alors :

– Je suis une amie de la famille. Albi Gabarra est mort. Excusez-moi, je ne suis pas en état de vous parler plus longtemps.

C'est à la radio que Bixente découvre ce qui s'est passé. On a retrouvé l'homme tué d'une **balle**[4] dans la tête, alors qu'il était

---

1   **le petit Bayonne –** *Name eines alten Stadtviertels in Bayonne*
2   **le bavardage –** *Plauderei*
3   **s'ensuivre –** *darauf folgen; sich ergeben*
4   **la balle –** *Kugel*

assis à son bureau, seul chez lui. Dans la rubrique « **nécrologie[1]** » du journal local, la date et le lieu de l'enterrement d'Albi sont indiqués. Il ressent le besoin d'y aller, comme s'il devait **faire le deuil de[2]** celui qu'il n'a pas eu le temps de rencontrer et qui lui ressemblait tellement sur la photo de la vieille Maïdère.

Maia, la veuve d'Albi, est une élégante femme d'une soixantaine d'années. Bixente se présente à elle après la cérémonie :

– **Toutes mes condoléances[3]**, Madame ! Je n'ai malheureusement pas eu le temps de faire la connaissance de votre mari. C'est dommage. Nous avions rendez-vous le jour même de sa mort.

– Bonjour Monsieur. Et qui êtes-vous ?

– Bixente Viota. Peut-être que vous connaissiez ma grand-mère, Amélia ?

En entendant le nom d'Amélia, Maia a un léger **sursaut[4]**. Elle regarde le visage de Bixente avec attention et dit doucement, comme si elle se parlait à elle-même :

– Alors voilà le petit-fils d'Amélia…

Bixente attend qu'elle continue. Effectivement, au bout de quelques secondes, elle semble revenir à la réalité.

Elle explique :

– Je ne connaissais pas directement Amélia. Mais je connais son histoire. Leur histoire. L'histoire d'Amélia et d'Albi. Il l'a rencontrée avant de me connaître. Ils se sont aimés, puis séparés. Leur relation était forte, mais c'étaient deux **têtes de mule[5]** ! Ils ne pouvaient pas vivre ensemble.

---

1   **la nécrologie** – *Todesanzeigen*
2   **faire le deuil de qn** – *um jdn trauern*
3   **Toutes mes condoléances !** – *Mein Beileid!*
4   **le sursaut** – *Zusammenzucken*
5   **la tête de mule** *(ugs.)* – *Sturkopf*

Bixente **éprouve**[1] tout de suite beaucoup de sympathie pour cette femme, ainsi qu'une grande confiance. Il sort la photo de son sac et la lui montre :

– Regardez : vous reconnaissez votre mari ?

– Bien sûr. Il est là, au centre.

– Et les autres ? Vous savez qui ils sont ?

– Un instant… Pourquoi ces questions ?

– Les deux femmes ont été assassinées, comme votre mari.

– Oh !…

Maia hésite, puis elle continue :

– Je sais qui sont ces personnes, oui. Quand j'ai rencontré mon mari, il m'a parlé de son passé. Je vais vous raconter à mon tour.

Bixente découvre ainsi une partie de l'histoire de sa grand-mère. Dans les années soixante-dix, les cinq amis de la photo étaient très proches. Ils faisaient partie d'un groupement **clandestin**[2], « Independentzia eta libertate », un nom basque qui signifie « Indépendance et liberté ». Ils avaient formé une **cellule**[3] à l'intérieur de ce groupement pour venir en aide aux Basques espagnols qui, à l'époque, résistaient à la dictature de Franco. La cellule cachait les camarades qui venaient d'Espagne et leur **fournissait**[4] des armes. Mais au début de l'année 1975, tous ceux qu'ils cachaient avaient été tués, sans doute par des hommes payés par Franco. On pensait qu'un des cinq membres de la cellule les **avait trahis**[5], mais on ne savait pas qui. Ça avait été un choc pour le groupe ! Ils avaient alors commencé à **se soupçonner mutuellement**[6] et ça avait été le début de la fin de leur belle amitié. Et puis, en novembre 1975, Franco était mort. L'Espagne s'était ouverte à la démocratie. La **lutte**[7] des Basques pour leur

---

1 **éprouver qc** – *etw empfinden*
2 **clandestin(e)** – *geheim; illegal*
3 **la cellule** – *Zelle*
4 **fournir qc à qn** – *jdn mit etw beliefern*
5 **trahir qn** – *jdn verraten*
6 **se soupçonner mutuellement** – *sich gegenseitig verdächtigen*
7 **la lutte** – *Kampf*

indépendance ne s'était pas arrêtée mais la cellule, elle, **avait été dissoute**[1] et les cinq membres avaient arrêté leur activité militante.

Pour Bixente, quelle surprise ! Il n'aurait jamais cru sa grand-mère capable de telles actions.
– Mais tout ça ne nous dit pas pourquoi Amélia, Maïdère et Albi ont été tués… Qu'est-ce que vous en pensez, Maia ?
– Il va falloir qu'on retrouve Iban et Ramutxo. C'est notre seule chance de découvrir la vérité…

Bixente et Maia se promettent de rester en contact pour continuer leurs recherches.
– Je suis contente d'avoir fait ta connaissance, lui dit-elle en le quittant. Je ne sais pas si ça devrait me faire plaisir ou non mais… tu as les yeux d'Albi.

Bixente s'assoit au volant de sa voiture. Au moment de démarrer, il sent un objet dur et froid se poser contre sa **tempe**[2]. Un revolver ! Derrière lui, une voix ordonne :
– Fais ce que je te dis et tout se passera bien. Va tout droit et tourne à droite au carrefour.

Bixente s'efforce de rester calme. **Docilement**[3], il obéit à l'homme. Ils quittent ainsi la ville, traversent deux villages, prennent ensuite un chemin **caillouteux**[4] à travers les champs. Ils arrivent enfin à une petite **cabane de chasse**[5]. Deux hommes armés, non masqués, en sortent. Ils s'approchent de la voiture. L'un d'eux ouvre la **portière**[6] pendant que l'autre menace Bixente de son pistolet :
– Viens. Inutile d'essayer de te sauver. On te retrouverait vite et je peux te dire que tu le regretterais.

---

1   **dissoudre** – *auflösen*
2   **la tempe** – *Schläfe*
3   **docilement** – *willig, folgsam*
4   **caillouteux(-euse)** – *steinig*
5   **la cabane de chasse** – *Jagdhütte*
6   **la portière** – *Autotür*

Ils entrent dans la cabane. Elle n'est constituée que d'une pièce avec, au centre, une chaise, un fauteuil et une table. Le fauteuil est occupé par un homme en costume, cigarette à la main. Il ne se retourne même pas à l'arrivée de Bixente et de ses **kidnappeurs**[1]. Il attend que celui-ci soit assis sur la chaise. Alors enfin, il le regarde et lui sourit. Mais son sourire **ne laisse rien présager de bon**[2].

– Monsieur Viota. Vous voilà enfin !

Bixente observe le visage de l'homme avec attention. Se pourrait-il que… ?

– Miguel Basquez ? Le candidat aux élections municipales ?

– Lui-même ! Ou Ramutxo pour les intimes ! Mais ça, c'était avant…

– Vous voulez dire que… Vous êtes un des cinq camarades d'« Independentzia eta libertate » ? Ceux qui cachaient les résistants espagnols pendant la dictature de Franco ?

Basquez, qui était calme jusqu'ici, s'énerve tout à coup :

– Jamais je n'ai été leur camarade ! J'ai toujours profondément détesté cette **racaille**[3] terroriste ! Si j'ai fait partie de leur groupe, c'était seulement pour obtenir des informations et ensuite, mieux les détruire.

– C'était donc vous, le **traître**[4] ! Et les autres, Amélia, Maïdère, Albi, Iban, est-ce qu'ils l'ont su ?

Basquez sourit méchamment.

– Cet idiot d'Iban a eu la mauvaise idée d'aller chercher dans les archives espagnoles. C'est comme ça qu'il a découvert la vérité et qu'il a su qui se cachait derrière le nom de Ramutxo Esquiroz. Il a alors repris contact avec moi pour me menacer. J'avais donc le choix : abandonner mes ambitions politiques ou le **faire taire**[5]. Tu penses bien que je n'ai pas réfléchi longtemps.

---

1 **le/la kidnappeur(-euse)** – *Entführer(in)*
2 **ne rien laisser présager de bon** *(ugs.)* – *nichts Gutes verheißen*
3 **la racaille** – *Abschaum*
4 **le/la traître(-esse)** – *Verräter(in)*
5 **faire taire qn** – *jdn zum Schweigen bringen*

– Vous l'avez tué ?

– Oui. C'est ce qu'il **méritait**[1].

– Et ma grand-mère ? Et Maïdère ? Et Albi ?

– Je ne savais pas si Iban les avaient informés. J'ai préféré ne prendre aucun risque.

Pendant toute la conversation, Basquez est d'une froideur presque surhumaine. Face à cet homme sans scrupule, une terrible **angoisse**[2] gagne Bixente. Il voudrait rester fier, se montrer fort, mais il ne le peut pas. Il commence à pleurer doucement. Basquez **ricane**[3] et lui dit :

– Allez, ne t'inquiète pas. J'ai cru comprendre que tu avais des documents **compromettants**[4] pour moi. Donne-les-moi et tu seras libre.

– Je n'ai qu'une photo. Là, dans la poche de ma veste.

Basquez fait un signe de tête à un de ses hommes qui prend la photo et la donne à son chef. Basquez la regarde, l'air un peu surpris.

– Ce n'est pas grand-chose. Tu n'as rien d'autre ?

– Rien. Absolument rien, assure Bixente.

– D'accord. C'est bon.

Il fait encore un signe à un de ses hommes. Un coup de feu **retentit**[5]. Le corps de Bixente tombe au pied de la chaise.

Maia est assise dans son salon. Elle regarde à la télévision le discours d'**investiture**[6] du nouveau maire de Bayonne, Miguel Basquez. Il y est question de sécurité dans la ville : le maire promet aux citoyens que tant qu'il dirigera la ville, ils n'auront

---

1   **mériter qc –** *etw verdienen*
2   **l'angoisse (f) –** *(panische) Angst*
3   **ricaner –** *hämisch lachen*
4   **compromettant(e) –** *kompromittierend*
5   **retentir –** *ertönen*
6   **l'investiture (f) –** *Amtseinführung*

plus à craindre la criminalité. Maia n'écoute que d'une oreille. Elle pense à son mari, Albi. Elle pense aussi à Amélia, à Maïdère, à Iban. Et à Bixente, ce jeune qui ressemblait tant à Albi, dont on a retrouvé le corps dans la forêt. Bref, à tous ceux qui ont été assassinés sans que ces affaires n'**aient** jamais **été élucidées**[1].

→ **Le Pays basque français** (französisches Baskenland) an der spanischen Grenze im Südwesten Frankreichs ist bekannt für seine ausgeprägte kulturelle Identität. Die baskische Sprache – „Euskara" genannt – ist eine der ältesten Sprachen Europas! Charakteristisch für das gesamte Baskenland sind die politischen Unabhängigkeitsbewegungen und Autonomiebestrebungen. Sie sind auf der französischen Seite jedoch schwächer und friedlicher als auf der spanischen.

Das *pays basque* ist aufgrund seiner Lage, zwischen dem atlantischen Ozean und den Pyrenäen, auch ein Paradies für Surfer und Naturfreunde. Bayonne, Biarritz und Hendaye zählen zu den wichtigsten Städten: Bayonne ist vor allem für die traditionellen *Fêtes de Bayonne*, die im Sommer mehr als 1,5 Millionen Besucher anlocken, bekannt. Biarritz ist schon seit dem Ende des 19. Jahrhunderts ein mondäner Urlaubsort – zunächst für den europäischen Adel. Die letzte Küstenstadt vor der spanischen Grenze ist Hendaye.

Wussten Sie, dass die französische Baskenmütze (*béret*) ursprünglich nur ein Teil der traditionellen baskischen Tracht war, bevor sie ein unentbehrliches Symbol für den typischen französischen Mann wurde?

1   **élucider** – *aufklären*

6. ABSENTE

Christophe Bernaud est debout devant le **tableau d'affichage**[1].
– Eh les **gars**[2] ! Trop cool ! Lamé est encore malade ! lance-t-il joyeusement aux élèves qui se trouvent autour de lui.

Voilà maintenant trois jours déjà que la professeure est absente du lycée. Ses élèves sont contents. Pas de cours de maths, ça fait toujours plaisir ! En plus, ils sont tous d'accord pour dire que c'est une vraie « **peau de vache**[3] ».

– Non, elle n'est pas malade, Madame Lamé. Elle a disparu.

C'est Mathieu qui, d'une voix timide, a parlé. Bernaud et les autres se retournent vers lui :
– Qu'est-ce que tu racontes, toi, **pauvre naze**[4] ? Comment ça, « disparu » ?

Mathieu se sent rougir. Non pas parce qu'il a été insulté par Bernaud : ça, il en a l'habitude. Plutôt parce qu'il n'aime pas attirer l'attention sur lui. Pourtant, il continue :
– Ben oui, disparu. C'est possible qu'elle ait eu un accident. Elle est peut-être morte, quelque part, sans qu'on ait retrouvé son corps. Ou alors, elle a été kidnappée. En tout cas, elle est partie faire un jogging au bord de la Somme dimanche matin et elle n'est jamais revenue chez elle. Je le sais parce que mon père connaît son mari. Ils sont collègues. La nouvelle n'est pas

1 **le tableau d'affichage** – *hier: Vertretungsplan*
2 **le gars** *(ugs.)* – *Kerl*
3 **la peau de vache** *(ugs.)* – *blöde Kuh*
4 **Pauvre naze!** *(ugs.)* – *Trottel!*

encore officielle parce que le **proviseur**[1] ne veut pas le dire. Il veut éviter d'inquiéter les familles des élèves.

Bernaud s'approche de lui, le regard méprisant. Mathieu connaît bien ce regard. Quand Bernaud attend Mathieu à la sortie des cours pour lui **réclamer**[2] de l'argent, il a le même.
– T'es un fils de riche, lui dit-il toujours. Si tu ne me ramènes pas cinquante euros pour demain, je t'**explose**[3].

Cette fois, Bernaud prononce une phrase différente :
– Tu dis la vérité ? Tu le jures ?
– Je le jure.
Bernaud s'éloigne.

À l'idée qu'il a impressionné Bernaud et ses camarades de classe par son **scoop**[4], ne serait-ce qu'un peu, Mathieu ressent une légère satisfaction. C'est un adolescent introverti et solitaire. Le matin, il passe de longues minutes devant son armoire sans savoir comment s'habiller et finalement, il choisit toujours des vêtements discrets. Bernaud, lui, est tout le contraire : grand, cheveux très courts et boucle d'oreille, il porte tous les jours des pantalons larges, des chaussures de sport de marque, et des sweat-shirts trop longs. Dès qu'il sort du lycée, il pose sa casquette sur sa tête, **visière**[5] dirigée vers la **nuque**[6], tape dans les mains de ses camarades, et s'allume une cigarette. Il **a la tchatche**[7], comme on dit au lycée. Il parle beaucoup, il ose tout, il n'a peur de rien. Le seul point commun entre Mathieu et lui, ce sont les mauvais résultats scolaires !

---

1   **le/la proviseur(e)** – *Schulleiter(in)*
2   **réclamer qc** – *hier: etw verlangen*
3   **exploser qn** *(ugs.)* – *jdn zusammenschlagen; jdn fertigmachen*
4   **le scoop** *(ugs.)* – *Sensationsmeldung, Knüller*
5   **la visière** – *(Mützen)schild*
6   **la nuque** – *Nacken*
7   **avoir la tchatche** *(ugs.)* – *eine Quasselstrippe sein*

Ce jour-là, comme les autres jours, quand Mathieu arrive chez lui après les cours, il jette son sac dans l'entrée et va dans sa chambre. De sa fenêtre, il a une vue magnifique sur la cathédrale, mais il **n'y prête aucune attention**[1]. Il allume son ordinateur et se connecte directement sur un site pour chatter entre **ados**[2]. Sous le pseudonyme Mat Le Maudit, il est en contact depuis déjà plusieurs semaines avec un certain Black Engels 999. Même s'ils ne se sont jamais vus dans la réalité, Mathieu apprécie cet échange libre et sans tabou. Black Engels 999 est comme un ami. Celui-ci a déjà envoyé un message : *Alors, ça en est où, ton histoire de prof ?*

Le père de Mathieu rentre tard. En général, il est de mauvaise humeur et il **râle**[3] :
– T'as déjà mangé ? Mais qu'est-ce que c'est que ça ?! Tu es encore devant l'ordinateur ? C'est quoi, tous ces paquets de chips ? Et tes devoirs ? Ils sont faits ?

Mathieu ne réagit jamais. De toute façon, son père ne comprend rien. Pour lui, il n'y a que le travail qui compte. Sa profession d'avocat ne lui laisse pas beaucoup de temps libre. Il invite parfois un collègue à la maison, Patrick Lamé par exemple, le mari de la prof, qui est un de ses collaborateurs les plus proches. Dans ce cas, les deux hommes discutent ensemble de leurs affaires, sans se soucier de la présence de Mathieu. Les **tête-à-tête**[4] entre le père et le fils sont rares et ennuyants. Mathieu se souvient vaguement de dimanches joyeux, passés dans leur petite maison familiale au milieu des **hortillonnages**[5], quand il était petit. Lui et ses parents se promenaient à vélo sur les chemins au bord de l'eau, ou faisaient des sorties en bateau.

ABSENTE

---

1 **ne prêter aucune attention à qn/qc** – *jdm/etw keine Beachtung schenken*
2 **l'ado (m/f)** (ugs.) – *Jugendliche(r) (Abkürzung für „l'adolescent(e)")*
3 **râler** – *meckern*
4 **le tête-à-tête** – *Vieraugengespräch*
5 **les hortillonnages (mPl)** – *in Sumpfgebieten angelegte und durch Kanäle verbundene Kleingärten in Amiens*

C'était il y a bien longtemps, avant la dépression et les séjours en hôpital psychiatrique de sa mère, avant les disputes et le divorce de ses parents. La clé de la maison des hortillonnages est toujours dans un tiroir du meuble de l'entrée, mais le tiroir n'est jamais ouvert. Il ne reste que les albums photos pour témoigner de cette époque heureuse.

Dans les jours qui suivent, la disparition de Madame Lamé finit par être connue de tous, au lycée comme dans la ville d'Amiens. La police mène l'enquête discrètement. L'hypothèse du kidnapping semble être la plus vraisemblable. Dans la cour, Bernaud **interpelle**[1] Mathieu, moqueur :

– Alors, Monsieur-je-sais-tout ? Du nouveau sur l'affaire Lamé ?

Mathieu hésite sur la meilleure stratégie à adopter. Ignorer Bernaud ou lui répondre ? Il se décide pour la deuxième option :

– Un peu, oui. Son mari est passé chez nous hier.

– Vas-y, raconte !

– Il a reçu une lettre des **ravisseurs**[2]. Bon… Je vous raconte mais c'est un peu **glauque**[3]… Dedans, il y avait les cheveux de Madame Lamé.

– Beurk ! Quelle horreur ! s'écrie Julie, une des filles de la classe.

– C'est bizarre. Il faut vraiment être psychopathe pour faire ça, commente une autre.

– En tout cas, le mari de Lamé, il **flippe**[4], ajoute Mathieu.

Il est plutôt content. Il a l'impression, pour une fois, qu'il a réussi à être intéressant aux yeux de ses camarades. **Au fil des**[5] jours, il continue à décrire la situation :

1   **interpeller qn** – *jdn anfahren; jdm zurufen*
2   **le/la ravisseur(-euse)** – *Entführer(in)*
3   **glauque** *(ugs.)* – *unheimlich, zwielichtig*
4   **flipper** *(ugs.)* – *ausflippen, durchdrehen*
5   **au fil de…** – *im Laufe von …*

– Vous ne savez pas ce qui est arrivé chez le mari de Lamé hier ? Une lettre de Madame Lamé dans laquelle elle décrivait des scènes pornos avec les kidnappeurs.

– Non ?! Madame Lamé ? C'est fou ! Je n'aurais jamais pensé ça d'elle !

– Non. On pense que la lettre a été écrite sous la **menace**[1]. D'ailleurs, elle est pleine de fautes d'orthographe. Et monsieur Lamé dit que sa femme, même si elle est prof de maths, c'est une vraie **maniaque de**[2] l'orthographe. Ce n'est pas possible qu'elle ait fait autant de fautes.

Quelques jours plus tard, Mathieu rapporte :

– Le mari de Lamé, il **n'en peut plus**[3] ! C'est horrible, ce qui lui arrive. Cette fois, ce sont les sous-vêtements **déchirés**[4] de sa femme qu'il a reçus.

– Oh là là, fait un des élèves. Les sous-vêtements de Lamé ! Je n'ose même pas imaginer.

Tout le monde rit.

Une autre fois encore :

– Ce sont des vrais sadiques, ceux qui ont enlevé Madame Lamé ! Maintenant, ils ont envoyé un tee-shirt plein de sang.

– Son sang à elle ?

– **Il faut croire**[5] !

Autour de Mathieu, un petit groupe d'adolescents curieux s'est formé. Ils sont **friands de**[6] ses histoires sur Madame Lamé et ils en redemandent toujours. Mathieu **savoure**[7] ce sentiment qu'il ne connaissait pas encore : le plaisir d'être au centre de

ABSENTE

---

1   **la menace** – *Bedrohung*
2   **maniaque de...** *(ugs.)* – *...fanatiker*
3   **ne plus en pouvoir** *(ugs.)* – *nicht mehr können (und wollen)*
4   **déchiré(e)** – *zerrissen*
5   **Il faut croire.** *(ugs.)* – *Es ist anzunehmen.*
6   **friand(e) de qc** – *versessen auf etw*
7   **savourer** – *genießen; auskosten*

l'attention. Seul Bernaud n'a pas l'air impressionné et en parlant de Mathieu, il dit bien fort :

– Il est fou, ce type ! On dirait que ça le fait **fantasmer**[1] ! Ce n'est qu'un malade, un pervers !

Sonia, la plus belle fille du lycée, est accrochée au bras de Bernaud. Elle rit. Mathieu se sent **humilié**[2]. Tout à coup, il répond à Bernaud, avec un courage dont il ne se croyait pas capable :

– Laisse-moi tranquille ! Tu t'es bien regardé ? Le malade, le pervers, c'est toi !

Cependant, l'élan de courage est de courte durée. Bernaud s'approche de Mathieu qui est **tétanisé**[3].

– Répète ce que tu viens de dire ?

Mathieu reste silencieux. Et quand Bernaud lui donne une **gifle**[4], il se laisse faire sans protester. Il voudrait disparaître pour toujours. Il a envie de mourir.

Dans l'intimité de sa chambre, il retrouve son ami en ligne et lui écrit : *Mauvaise journée ! Je me sens **d'une humeur assassine**[5]*. Black Engels 999 demande : *Et ta prof de maths ?* Mathieu répond : *Elle ? Elle n'a que ce qu'elle mérite ! De toute façon dans la classe, personne ne l'aimait.* Black Engels 999 approuve : *Je veux bien te croire. Ce qu'il lui faudrait, c'est une bonne punition ! Quelque chose qui la fasse bien souffrir pour tout le mal qu'elle vous a fait, à toi et aux autres élèves.*

Le lendemain soir, on sonne chez Mathieu et Jean-Pierre Meunier. Jean-Pierre vient de rentrer du travail et il s'est étonné de ne pas trouver son fils à la maison. Il est encore plus étonné,

---

1   **fantasmer** – *Phantasien entwickeln*
2   **humilié(e)** – *gedemütigt, erniedrigt*
3   **tétanisé(e)** – *(vor Angst) gelähmt*
4   **la gifle** – *Ohrfeige*
5   **d'une humeur assassine** *(ugs.)* – *übelgelaunt, sehr schlecht gelaunt*

quand il ouvre la porte, de voir devant lui deux policiers en uniforme et un homme en civil. Tout de suite, il pense au pire :

– Il est arrivé quelque chose à Mathieu ?

L'homme en civil **élude**[1] la question :

– Commissaire Dumoulin. Votre fils n'est pas là ? Nous avons quelques questions à lui poser. À lui ou à vous.

Jean-Pierre, **atterré**[2], découvre ainsi que des parents d'élèves sont allés voir le proviseur. Ils ont raconté que Mathieu donnait beaucoup de détails sur l'**enlèvement**[3] de Madame Lamé et les **sévices**[4] dont elle était la malheureuse victime.

– Votre fils aurait affirmé à ses camarades que vous et Patrick Lamé étiez amis. Ce serait la raison pour laquelle il serait aussi bien informé, explique l'officier de police.

– Je connais Patrick Lamé, c'est vrai. Mais il ne m'a donné aucune information précise concernant la disparition de sa femme. Nous ne sommes pas si proches !

– C'est **troublant**[5] parce que votre fils a raconté des choses qui correspondent à la réalité. Vous comprenez que cela en fait un suspect **de premier plan**[6].

Un grand vide se fait dans la tête de Jean-Pierre. Très vite, une multitude de questions viennent **combler**[7] ce vide. Comment a-t-il pu **échouer**[8] à ce point dans l'éducation de son fils ? À quel moment Mathieu, son petit Mathieu qu'il a vu naître et grandir, est-il devenu un kidnappeur ? Il le revoit, enfant, en train de jouer dans le jardin de leur maison des hortillonnages, gentil, innocent. La question du commissaire interrompt ses pensées :

ABSENTE

1	**éluder qc –** *vor etw ausweichen*
2	**atterré(e) –** *erschüttert*
3	**l'enlèvement (m) –** *Entführung*
4	**les sévices (mPl) –** *Misshandlung*
5	**troublant(e) –** *verwirrend; merkwürdig*
6	**de premier plan –** *maßgebend; ersten Ranges*
7	**combler qc –** *etw erfüllen; etw verdrängen*
8	**échouer –** *hier: versagen*

– Vous avez une idée de l'endroit où pourrait se trouver votre fils actuellement ?

– Non, aucune.

– Vous permettez qu'on fasse une **perquisition**[1] dans la chambre de votre fils ? Nous avons une autorisation du juge.

Jean-Pierre fait signe que oui. Pendant que les policiers font leur travail, il s'assoit sur un fauteuil et attend, immobile. Les hommes reviennent à lui deux heures plus tard.

– On n'a rien trouvé. Il n'a pas d'ordinateur ?

– Si, un ordinateur portable. S'il n'est pas dans sa chambre, c'est qu'il l'a emporté avec lui.

– Si vous avez de ses nouvelles, informez-nous. **Le cas échéant**[2], vous seriez considéré comme complice.

– Merci Messieurs. Je connais la loi, je suis juriste.

Les policiers sortent. Jean-Pierre reste dans son fauteuil pendant quelques heures encore, sous le choc. Vers deux heures du matin, une idée lui vient à l'esprit. Il se lève et va ouvrir le tiroir du petit meuble, dans l'entrée de l'appartement. C'est bien ce qu'il pensait : la clé de la maison des hortillonnages n'est plus là. Jean-Pierre met son manteau et file dehors. Il ne souhaite pas prévenir la police : il veut d'abord parler à son fils. Essayer de comprendre. Le convaincre de **se rendre aux autorités**[3]. Sinon, il le dénoncera lui-même. Mais pas maintenant. Pas encore.

La maison n'est pas éclairée. Pourtant, quand Jean-Pierre pousse la porte, celle-ci est ouverte. Il ne **s'**était donc pas **trompé**[4]. Maintenant, il a peur. De son fils ? Il ne saurait pas dire exactement, mais il sent un danger tout proche. D'abord, il appelle Mathieu doucement. Personne ne répond. Il se

---

1   **la perquisition –** *Hausdurchsuchung*
2   **le cas échéant –** *gegebenenfalls*
3   **se rendre aux autorités –** *sich den Behörden stellen*
4   **se tromper –** *sich irren*

décide à allumer la lumière du salon. Il aperçoit alors Mathieu, **recroquevillé**[1] sur le canapé.

– Éteins ! ordonne celui-ci brusquement.

C'est la première fois qu'il parle à son père sur ce ton. Jean-Pierre essaie de protester gentiment :

– Mais…

– Éteins, je te dis ! répète Mathieu avec agressivité.

Jean-Pierre éteint. Petit à petit, ses yeux s'habituent à l'obscurité et au bout de quelques minutes, il peut voir les formes des meubles dans la pièce et la silhouette de son fils. Il s'approche. Il croit entendre Mathieu pleurer. Tout à coup, une grande tendresse l'envahit.

– Mon petit… dit-il en posant sa main sur la joue du jeune garçon, bientôt jeune homme. Mon petit, qu'est-ce qui t'est arrivé ?

– Je ne veux plus aller au lycée, dit Mathieu en pleurant **de plus belle**[2]. Plus jamais ! Je déteste tout le monde et tout le monde me déteste.

Jean-Pierre est un peu **décontenancé**[3]. Il se préparait à discuter avec un criminel et il se retrouve face à un grand **gamin**[4] fragile. Il lui parle doucement, pour ne pas l'effrayer :

– Mathieu, dis-moi… Les policiers sont venus à la maison. Ils disent que tu as quelque chose à voir avec la disparition de Madame Lamé. Dis-moi la vérité. Je t'aiderai, tu sais. Je suis ton père. Je suis avocat. **Quoi que**[5] tu aies fait, je t'aiderai.

– Ce n'est pas moi. Je n'ai rien fait. J'ai juste raconté des **trucs**[6] que j'inventais au lycée.

ABSENTE

1   **recroquevillé(e)** – *zusammengekauert*
2   **de plus belle** – *hier: noch heftiger*
3   **décontenancé(e)** – *fassungslos*
4   **le gamin** *(ugs.)* – *Kind, Junge*
5   **quoi que** – *hier: was auch immer*
6   **le truc** – *Ding; Sache*

À ce moment-là, on frappe à la porte.

– Qui c'est ? demande Jean-Pierre à Mathieu.

– Black Engels. Un ami. Je l'ai invité.

– À cette heure-ci ? Il est trois heures du matin !

Mathieu n'a pas le temps de répondre. La porte s'ouvre. Quelqu'un entre, une lampe de poche à la main et éclaire les visages du père et du fils.

– Mat'… Je suis déçu ! Tu m'avais promis d'être seul.

– Désolé. C'est mon père. Je n'avais pas prévu…

– Tu ne me rends pas la **tâche**[1] facile, tu sais…

Le père de Mathieu est inquiet. Le ton ironique de l'homme **est de mauvais augure**[2].

– Allez, pas grave mon petit Mat'. Ça me fera un peu plus de travail, c'est vrai, mais le coffre de mon pick-up est bien assez grand pour deux corps. Tu apprendras, un peu tard certes, qu'on ne doit jamais faire confiance à un inconnu !

L'homme laisse tomber sa lampe de poche, allume la lumière, et sort de sa ceinture un grand couteau.

–Non ! s'écrie Mathieu. Ne touche pas à mon père !

Il saute sur Black Engels, mais celui-ci le repousse d'un **coup de poing**[3]. Mathieu tombe au sol. L'autre lui donne encore un **coup de pied**[4] dans le ventre. Mathieu **gémit de douleur**[5].

– Petit **minable**[6] ! Tu oses **t'en prendre à**[7] moi ? Je vais te faire regretter d'exister, comme je l'ai fait pour cette vache de prof.

---

1   **la tâche –** *Aufgabe*
2   **être de mauvais augure –** *ein böses Vorzeichen sein*
3   **le coup de poing –** *Faustschlag*
4   **le coup de pied –** *Fußtritt*
5   **gémir de douleur –** *vor Schmerzen stöhnen*
6   **le minable** (ugs.) **–** *Null, Niete*
7   **s'en prendre à qn –** *sich mit jdm anlegen*

Le père de Mathieu sort de sa léthargie. Il s'élance sur Black Engels, mais ce dernier **esquive**[1] l'attaque. Jean-Pierre tombe à son tour et se retrouve **à la merci du**[2] dangereux personnage.

Soudain, quelqu'un saisit Black Engels par derrière et **braque**[3] une arme **contre** lui. C'est le commissaire Dumoulin :
– Du calme, Salvatore. On sait qui tu es. Tu es pris.
Puis il s'adresse à Jean-Pierre :
– Vous avez de la chance, Monsieur Meunier. Nous vous avons suivi jusqu'ici. On pensait bien que vous alliez nous mener jusqu'à votre fils.

Rapidement, on retrouve Virginie Lamé, heureusement encore en vie, dans la cave de Pascal Salvatore, ou Black Engels 999, tueur en série habitué à prendre contact avec ses futures victimes sur Internet. Elle **est transférée**[4] et soignée à l'hôpital d'Amiens.

Dans la cour du lycée, Mathieu est entouré par plusieurs élèves, ravis de l'écouter :
– Black Engels est le pire des tueurs en série ! Il jetait ses victimes dans la Somme après les avoir tuées.
– **N'importe quoi**[5] ! Tu n'es qu'un **mythomane**[6] ! dit Bernaud en haussant les épaules.
N'empêche[7] : Mathieu sent avec satisfaction une **pointe de jalousie**[8] chez son adversaire. Tout le monde n'a pas la chance d'avoir échappé **de justesse**[9] à un tueur en série… et sauvé la prof de maths !

ABSENTE

---

1   **esquiver qn/qc** – *jdm/etw ausweichen*
2   **se retrouver à la merci de qn/qc** – *jdm/etw ausgeliefert sein*
3   **braquer qc contre qn** – *etw auf jdn richten*
4   **transférer** – *überführen*
5   **N'importe quoi!** *(ugs.)* – *So ein Quatsch!*
6   **le/la mythomane** – *Lügner(in)*
7   **N'empêche!** *(ugs.)* – *Aber dennoch!*
8   **la pointe de jalousie** – *Anflug von Eifersucht*
9   **de justesse** – *knapp*

Amiens ist eine sehenswerte Stadt mit ca. 135.000 Einwohnern im Departement *La Somme* im Norden Frankreichs. Sie liegt zwischen Paris, Brüssel und Lille. Zahlreiche bedeutsame Sehenswürdigkeiten prägen das Stadtbild. Die berühmteste ist die *Cathédrale Notre-Dame*, das größte mittelalterliche Kirchengebäude des Landes. Es ist sogar doppelt so groß wie die *Notre-Dame* in Paris! Seit Anfang der Achtzigerjahre ist die *Cathédrale* von Amiens Weltkulturerbe der UNESCO. Im Sommer sowie zu Weihnachten wird sie jeden Abend beleuchtet. Dabei kann man die ursprünglichen gotischen Farben bewundern. Viele kleine Ziegelsteinhäuser, die aus der Zeit der industriellen Revolution stammen, prägen die Architektur der Stadt. Man nennt sie *amiénoises*. Im historischen Stadtviertel *Saint-Leu* findet man außerdem zahlreiche malerische Fachwerkhäuser.

Am Fluss der Somme gelegen prägen unzählige Kanäle das Bild der Stadt. Aus diesem Grund nennt man Amiens auch „Kleinvenedig". Typisch für Amiens sind die sogenannten *hortillonnages* – Gemüsegärten, die auf früheren Mooren eingerichtet wurden und durch die vielen Kanäle miteinander verbunden sind. Die *hortillonnages* kann man zu Fuß oder auf kleinen Ruderbooten erkunden.

7. CEUX QUI CRIENT
AVEC LES LOUPS

Les manifestants sont nombreux dans la rue devant le **conseil régional**[1] Provence-Alpes-Côte d'Azur. Ensemble, ils **scandent**[2] avec colère les slogans écrits sur leurs **pancartes**[3] : « Non aux loups ! », « Loup en liberté, **élevages**[4] en danger »… Un **troupeau**[5] de moutons a été attaqué quelques jours avant. Depuis la réapparition du loup dans la région, dans les années mille neuf cent quatre-vingt-dix, ce genre d'accident arrive régulièrement. Mais cette fois-ci, le nombre de bêtes tuées a été anormalement important.

Manu est présent, appareil photo en main. Il photographie, même s'il ne sait pas encore ce qu'il fera de ses images. Il travaille comme reporter **en free lance**[6] à Nice pour différents magazines. Mais en ce moment, il **est censé**[7] être en vacances. Il passe la semaine à Roubion, un petit village médiéval **perché**[8] dans les montagnes à quelques kilomètres de là, au cœur du Parc national du Mercantour. Ses grands-parents y vivaient et il a hérité de leur maison qui est devenue sa résidence secondaire. C'est un endroit qu'il aime et il y va dès que possible.

Après la manifestation, Manu prend la route en zigzag qui le ramène au village. Pendant la haute saison, en hiver ou en été, il y a beaucoup de monde sur cette route : les touristes viennent

---

1   **le conseil régional –** *Regionalrat (oberstes Exekutivorgan einer Region)*
2   **scander qc –** *etw im Sprechchor rufen*
3   **la pancarte –** *Schild, Plakat*
4   **l'élevage (m) –** *(Vieh)zucht*
5   **le troupeau –** *Herde*
6   **en free lance –** *freiberuflich*
7   **être censé(e) faire qc –** *(eigentlich) etw tun sollen*
8   **perché(e) –** *hochgelegen*

dans la région faire du ski ou de la randonnée. Mais c'est le mois d'avril, et à cette période de l'année, la circulation est quasiment inexistante. Manu s'arrête au café du village, *Chez Dédé*. Trois hommes boivent un verre silencieusement au **comptoir**[1].

– Salut Dédé ! Tu me sers un pastis, s'il te plaît ?

– Et un pastis pour Manu ! Tout de suite ! Tu as passé une bonne journée ?

– Oui. Je reviens de la manif' contre les loups à Digne-les-Bains.

Quand il entend ça, Dédé **s'échauffe**[2] aussitôt :

– Il y **en a marre de**[3] ces loups ! Je ne comprends pas pourquoi on laisse ces sales bêtes **se reproduire**[4] dans nos montagnes ! On était bien tranquilles sans eux !

– C'est la faute des écologistes ! fait un des clients, **éméché**[5]. Et des politiques ! Ils sont dans leurs bureaux à Paris, à l'autre bout de la France, et ils veulent nous expliquer ce qui est bon pour nous !

– C'est vrai ! dit un autre. On verra bien ce qu'ils diront quand il y aura mort d'homme.

Manu proteste doucement :

– Je crois que le loup ne s'attaque pas à l'homme. Enfin… c'est ce que j'ai entendu dire…

Dédé n'est absolument pas convaincu :

– Et depuis quand est-ce que le loup ne s'attaque pas à l'homme ? Personne ne t'a raconté ce qui s'est passé hier ? Les enfants de Denis Cuvas, mon voisin, sont partis faire une promenade. Ils sont revenus en courant, **terrorisés**[6]. Ils criaient : « On s'est fait attaquer par un loup ! On s'est fait attaquer par

---

1   **le comptoir** – *Theke, Tresen*
2   **s'échauffer** – *sich aufregen; sich erregen*
3   **en avoir marre de qn/qc** (ugs.) – *von jdm/etw die Nase voll haben; jdn/etw satthaben*
4   **se reproduire** – *sich vermehren*
5   **éméché(e)** (ugs.) – *beschwipst; angesäuselt*
6   **terrorisé(e)** – *in Angst und Schrecken versetzt*

un loup ! » Quand on les a interrogés, ils ont décrit une bête énorme, de la taille d'un homme qui se serait jetée sur eux **en grognant**[1]. Heureusement, ils ont réussi à fuir. Mais le petit avait une **morsure**[2] bien profonde au bras. Et depuis, les pauvres gamins sont en état de choc !

– Les parents sont allés faire une déclaration aux gendarmes ?

– Bien sûr. Les gendarmes disent que ça ne ressemble pas à l'attaque d'un loup… Mais si ce n'est pas un loup, alors, qu'est-ce que c'est ?

– Le problème avec les enfants, commente un des hommes au comptoir, c'est qu'ils ont leur manière à eux de raconter. On ne sait pas trop ce qui est vrai et ce qui est de leur fantaisie…

– Un bon **coup de chevrotine**[3], s'exclame l'autre, voilà ce qu'il leur faut, à ces **bestioles**[4] ! Comme ça, le problème sera réglé !

À ce moment-là, un homme qui était assis dans l'ombre, à une table dans le fond de la pièce, se lève. Manu l'observe : il est habillé tout en noir : blouson, pantalon et bottes. Ses cheveux et sa longue barbe sont noirs également. Il traverse la pièce sans dire un mot et sort.

– Qui c'est ? demande Manu.

– Jean Castellar, le fils de François. Tu sais, l'alcoolique qui est mort au printemps dernier… Pauvre homme ! On a retrouvé son corps chez lui au milieu de bouteilles de vin vides. Sa maison était un véritable **taudis**[5]… On pensait qu'il n'avait pas de famille. Et puis voilà que son fils est arrivé il y a quelques semaines. Il s'est installé dans la maison de son père.

– C'est un type bizarre, raconte un des clients. Il ne dit bonjour à personne, il parle peu. Un vrai sauvage !

CEUX QUI CRIENT AVEC LES LOUPS

---

1   **grogner –** *knurren*
2   **la morsure –** *Biss(wunde)*
3   **le coup de chevrotine –** *hier: Ladung Blei*
4   **la bestiole (***ugs.***) –** *Tier; Viech*
5   **le taudis –** *Elendsbehausung; Bruchbude*

À la fenêtre de sa chambre, Manu observe le village endormi. La lune éclaire de sa lumière blanche les maisons et les sommets **environnants**[1]. Comme Roubion est construit **à flanc de montagne**[2], il peut voir les habitations situées en bas du village. Chez Jean Castellar, c'est encore allumé. Quel homme étrange… Que peut-il bien faire à cette heure-ci ? Finalement, Manu se décide à aller au lit. La nuit, il dort mal. Il croit entendre le cri des loups dans la vallée. À un moment donné, il sent même le **souffle**[3] chaud d'un animal sur sa joue. Il **se réveille en sursaut**[4]. Ce n'est qu'un cauchemar.

Le lendemain, il fait beau et c'est un jour de marché. Souvent, Manu y fait ses courses avec grand plaisir. Il aime échanger avec les commerçants et discuter avec les **villageois**[5] qu'il rencontre. En général, l'ambiance y est agréable et détendue. Quand Manu s'approche des stands ce jour-là, il entend deux vendeurs parler entre eux :
– Il paraît qu'il y avait du sang et des morceaux de viande partout ! Quand elle a vu ça, la femme de Chabrol **est tombée dans les pommes**[6] !
– C'est fou ! Et Chabrol n'a rien entendu d'anormal pendant la nuit ?
– Rien ! Ses chiens n'**ont** même pas **aboyé**[7] !

Manu intervient :
– Excusez-moi mais… qu'est-ce qui s'est passé chez les Chabrol ?

---

1   **environnant(e)** – *umliegend; ... der Umgebung*
2   **à flanc de montagne** – *am Hang*
3   **le souffle** – *Atem(zug)*
4   **se réveiller en sursaut** – *aus dem Schlaf hochfahren; ganz plötzlich erwachen*
5   **le/la villageois(e)** – *Dorfbewohner(in)*
6   **tomber dans les pommes** *(ugs.)* – *ohnmächtig werden; umkippen*
7   **aboyer** – *bellen*

Les deux hommes expliquent :

– Une de leurs vaches a été tuée dans la nuit. Chabrol a retrouvé le corps de l'animal le matin, complètement **déchiqueté¹**… Personne ne comprend ce qui a pu se passer. Un homme seul n'aurait pas pu faire un tel **carnage²**… Il doit s'agir d'une bête. Mais de quelle bête ?

– Si on était en Afrique, je vous dirais que c'est un lion, ou un puma… Mais ici ? Des loups peut-être ?

– Dans ce cas, des loups **affamés³**, **enragés⁴** !…

Instinctivement, Manu met la main sur son sac. Comme d'habitude, il a son appareil photo avec lui. Il quitte le marché et part vers la ferme des Chabrol. Celle-ci se trouve à la sortie du village, vers la Chapelle Saint-Sébastien. Il est curieux et il se dit que cette histoire **sordide⁵** pourrait éventuellement devenir le sujet de son prochain reportage. En chemin, il s'arrête devant la maison de Jean Castellar. Tout est calme et silencieux. On dirait que la maison est vide. Jean a dû sortir. Rapidement, Manu sort l'appareil photo de son sac et prend une photo. Il reste debout devant la **bâtisse⁶** quelques secondes encore, immobile. Il se rappelle que quand il était petit, il avait peur de passer par là et de croiser le vieil **ivrogne⁷**. Aujourd'hui, il ne se sent toujours pas complètement rassuré.

La police et les services vétérinaires sont dans la cour de la ferme. Manu salue le fils Chabrol qu'il connaît bien et qui l'autorise à faire des photos.

CEUX QUI CRIENT AVEC LES LOUPS

1 **déchiqueté(e) –** *in Stücke gerissen; zerfetzt*
2 **le carnage –** *Gemetzel; Blutbad*
3 **affamé(e) –** *ausgehungert; hungrig*
4 **enragé(e) –** *tollwütig; wütend*
5 **sordide –** *niederträchtig; widerwärtig*
6 **la bâtisse –** *hier: Haus; Kasten*
7 **l'ivrogne (m/f) –** *Säufer(in)*

Quelques jours plus tard, il est de retour à Nice.

– Tu vois, là, ce sont les **bergers**[1] en colère, le jour de la manifestation à Digne-les-Bains.

Manu **fait défiler**[2] les photos sur l'écran de son ordinateur. Il est avec Malik, un collègue et ami, journaliste.

– Tes photos sont super, Manu.

– Pour mon prochain reportage, j'ai envie de travailler autour du thème de la peur du loup dans le Mercantour. C'est une peur **ancestrale**[3], qui semble appartenir à une autre époque. Pourtant, pendant mes dernières vacances à Roubion, je me suis rendu compte que cette peur était encore très présente, surtout depuis que les loups sont de retour dans la région.

– Bonne idée ! J'ai une amie qui est professeure d'histoire à l'université. Elle travaille sur le **folklore**[4] européen. Elle pourra peut-être t'aider. Le loup fait partie de ce folklore, non ?

Manu ne répond pas. Il est concentré sur la photo qui apparaît sur l'écran : celle de la maison de Castellar. Il vient de remarquer une forme noire, difficile à identifier, derrière une des fenêtres de l'étage. Quand on y regarde de plus près, on peut voir que cette forme **est percée**[5] de deux **billes**[6] jaunes, comme deux yeux qui observeraient le photographe. Manu **frissonne**[7]. Pourtant, ce jour-là, devant la maison, il était sûr qu'elle était inoccupée…

– Qu'est-ce qui t'arrive ? demande Malik. Ça n'a pas l'air d'aller. Tu es malade ?

– Euh… non, non, ce n'est rien. Oui, je veux bien le contact de cette prof. Comment elle s'appelle ?

– Nora Halimi.

1	**le berger –** *Schafhirte, Schäfer*
2	**faire défiler –** *durchscrollen*
3	**ancestral(e) –** *uralt; alt(überliefert)*
4	**le folklore –** *hier: Sitten und Gebräuche*
5	**être percé(e) –** *Löcher haben*
6	**la bille –** *Murmel*
7	**frissonner –** *zittern; erschauern*

Nora est une femme **érudite**[1] et passionnante. Elle et Manu se sont donné rendez-vous dans un petit café du Vieux-Nice. Elle raconte :

– Le loup est un animal qui fascine. Rien ne prouve aujourd'hui qu'il soit dangereux pour l'homme. Il y a bien sûr, au cours de l'histoire, des textes qui témoignent d'attaques de loups sur des gens, mais on ne peut pas prouver que ces témoignages soient **véridiques**[2]. Et puis, il y a ce qu'on appelle les **loups-garous**[3] : ce sont des hommes qui, surtout les nuits de pleine lune, se transforment en loup.

– Et on a des preuves de l'existence de ces loups-garous ?

Nora éclate de rire :

– Mais non ! Ce n'est rien d'autre qu'une légende ! Certes, il est arrivé que certaines personnes affirment qu'elles s'étaient transformées en loup. Soit elles étaient folles, soient elles avaient pris des **psychotropes**[4]…

Quand Manu revient passer un week-end à Roubion, le village **est en émoi**[5]. D'autres attaques inexplicables d'animaux ont eu lieu : des vaches, des chevaux. À chaque fois, on les a retrouvés en petits morceaux. Chez Dédé, les discussions sont animées. Chacun essaie de trouver une explication :

– Je vous dis que ce sont des loups ! Ils sont sûrement nombreux ! Ils attaquent en meute !

– Ils n'auraient pas tué les bêtes sans les manger ensuite ! Moi, je pense que c'est un sadique qui **traîne**[6] dans notre village. Faites attention à vous quand vous rentrerez ce soir !

CEUX QUI CRIENT AVEC LES LOUPS

---

1   **érudit(e)** – *gebildet; gelehrt*
2   **véridique** – *wahrheitsgetreu; aufrichtig*
3   **le loup-garou** – *Werwolf*
4   **les psychotropes (mPl)** – *Psychopharmaka*
5   **être en émoi** – *aufgeregt sein; aufgewühlt sein*
6   **traîner (ugs.)** – *(he)rumhängen*

Quand Manu retourne dans sa maison, en haut du village, il ne se sent pas très bien. Il va dans la **grange¹** et vérifie que le **fusil de chasse²** qui appartenait à son grand-père est toujours accroché au mur. Il le prend. L'objet est lourd, dur et froid. Il n'a jamais eu l'occasion de l'utiliser. Manu n'aime ni la chasse, ni les armes. Mais ce soir, il est bien content de tenir ce fusil entre ses mains. Il l'ouvre. Il n'est pas chargé. Où sont les **cartouches³** ? Il cherche dans les tiroirs de l'**établi⁴** et trouve ce qu'il cherchait. Les munitions sont-elles seulement encore en état de servir ? Il espère que oui. Puis il monte dans sa chambre, à l'étage, et se place à la fenêtre. Il regarde dans la direction de chez Castellar. Les lumières sont allumées. L'homme ne dort donc pas encore. Manu respire difficilement. À vrai dire, il s'était imaginé son séjour à Roubion différemment. Il se sent **dépassé par les évènements⁵** et il se demande s'il ne devient pas fou. Il a l'impression d'un danger tout proche de lui, mais est-ce vraiment le cas ? N'est-il pas en train d'**alimenter⁶** lui-même une peur qui **n'a aucune raison d'être⁷** ? La lumière s'éteint chez Castellar. Est-ce que Jean s'est endormi ? Est-ce qu'il est sorti ? Manu ne se décide pas à quitter sa position d'observateur devant la fenêtre. Il attend longtemps dans le silence de la nuit. Une heure, deux heures… Tout à coup, il entend un cri… Le long cri sans fin d'une femme paniquée… Cela vient de chez Manon Favriou, une jeune femme qui habite à cent mètres de chez lui. Manu se précipite. Il court le plus vite qu'il peut, son arme à la main. Il se dit que c'est une question de vie ou de mort.

Alors qu'il arrive devant chez Manon, il voit une bête noire qui s'enfuit sur la route du vieux château, au dessus du village.

---

1   **la grange –** *Scheune*
2   **le fusil de chasse –** *Jagdgewehr; Flinte*
3   **la cartouche –** *Patrone*
4   **l'établi (m) –** *Werkbank*
5   **dépassé(e) par les évènements –** *durch die Ereignisse überrumpelt*
6   **alimenter qc –** *etw verstärken; etw nähren*
7   **n'avoir aucune raison d'être –** *keinen Sinn haben; keine Daseinsberechtigung haben*

Il a juste le temps de tirer. La bête **gémit**[1]. Elle a été touchée à la patte arrière. Mais elle ne s'arrête pas.

Des voisins, **alertés**[2] par le bruit, arrivent à leur tour :
– Qu'est-ce qui se passe ici ? Manu, tu vas bien ?
– Le… la… la bête… la bête… Vous l'avez vue ?
– On n'a rien vu du tout. Qu'est-ce que tu racontes ?

Ils sont interrompus par quelqu'un qui appelle au secours depuis la maison de Manon :
– Appelez une ambulance, vite ! Manon est encore en vie. Une ambulance !

Le lendemain, Manon est à l'hôpital au service de soins intensifs. Les villageois font une **battue**[3] dans la montagne pour retrouver le mystérieux animal. Mais celui-ci a disparu. Manu répond aux questions de la police. Cependant, quand il raconte qu'il a blessé la bête, les policiers sont sceptiques : ils n'ont trouvé aucune trace de sang. Manu lui-même se demande s'il n'a pas rêvé… jusqu'au moment où, sur la place du village, il aperçoit Jean Castellar près de la fontaine. Il a la jambe **bandée**[4]. Quand Jean relève la tête et constate que Manu l'observe, il tourne le dos et s'éloigne rapidement, **en boitant**[5].

Après quelques secondes, Manu sort de sa **stupeur**[6] et prend son téléphone portable :
– Allô ?
– Nora ? C'est moi, Manu. Dites-moi… Quel est le meilleur moyen pour tuer un loup garou ?

CEUX QUI CRIENT AVEC LES LOUPS

1   **gémir –** *stöhnen*
2   **alerté(e) –** *alarmiert; aufmerksam*
3   **la battue –** *Treibjagd*
4   **bandé(e) –** *bandagiert*
5   **boiter –** *hinken*
6   **la stupeur –** *Fassungslosigkeit; Betroffenheit*

– Pour tuer un loup garou ? répond Nora de sa voix chaleureuse et amusée. Eh bien, ce n'est pas compliqué : il faut l'**atteindre**[1] avec une balle en argent.

– Une balle en argent ? D'accord, je vous remercie.

– Manu ? Qu'est-ce qui se passe ? Vous êtes sûr que…

Elle n'a pas le temps de finir sa phrase. Manu a déjà raccroché.

Où peut-on **se procurer**[2] une balle en argent ? À Nice, dans une **armurerie**[3], sans doute. Il est seize heures. Manu veut agir vite. Avant la nuit, si possible, pour éviter que la bête ne s'attaque à d'autres **proies**[4]. S'il part maintenant et qu'il roule vite, il sera de retour vers vingt heures. Il n'hésite pas. Il prend sa voiture et **fonce**[5] vers Nice. Heureusement, il y a peu d'embouteillages lorsqu'il arrive en ville. La première armurerie dans laquelle il entre n'a pas ce qu'il demande, ni la deuxième, mais la troisième, finalement, si. Il n'est pas loin de vingt et une heures quand il revient à Roubion. La nuit commence à tomber. D'un pas décidé, il se dirige vers la maison de Castellar. Sans frapper, il pousse la porte.

La bête se retourne. Elle **fixe**[6] Manu de ses yeux jaunes et grogne en découvrant ses **crocs**[7].

– Non ! Manu, ne fais pas ça !

Manu tire. La bête tombe.

– Manu, non ! Mais tu es fou ? Qu'est-ce que tu as fait à ce pauvre homme ?

---

1   **atteindre qc** – *etw treffen; etw erreichen*
2   **se procurer qc** – *sich etw beschaffen*
3   **l'armurerie (f)** – *Waffengeschäft*
4   **la proie** – *Beute*
5   **foncer** (*ugs.*) – *flitzen, rasen*
6   **fixer qn/qc** – *jdn/etw anstarren*
7   **le croc** – *(Fang)zahn*

Jean Castellar est mort. Nora qui s'est inquiétée après sa conversation téléphonique avec Manu, s'est dépêchée de venir. Malheureusement, elle est arrivée trop tard. Elle n'a pas pu empêcher le drame.

Depuis ce jour, les villageois n'ont plus revu la bête.

Le Parc national du Mercantour (Nationalpark Mercantour) wurde 1979 gegründet. Er liegt in den südfranzösischen Alpen, in der Region Provence-Alpes-Côte d'Azur, und erstreckt sich fast bis zur Mittelmeerküste. Er grenzt an den italienischen Naturpark *Parco naturale alpi marittime*. Beide Parks bilden zusammen eine landschaftlich wunderschöne Einheit. Der *Parc du Mercantour* besteht aus sechs einzigartigen Tälern. Seine höchste Bergspitze ist die *Cime du Gélas* mit einer Höhe von 3.143 m. Mehr als 800.000 Touristen nutzen jährlich den Park zum Wandern, Skifahren oder Bergsteigen, was das ökologische Gleichgewicht der Region bedroht.

Roubion ist ein kleines Dorf mitten im *Parc du Mercantour*: die Kirche *Notre-Dame-du-Mont-Carmel*, die Kapellen *Saint-Sébastien* und *Sainte-Madeleine* sowie die Ruinen des mittelalterlichen Schlosses prägen das Bild des malerischen 130-Seelen-Dorfes. Seit Anfang der Neunzigerjahre gibt es wieder Wölfe in der Region. Heute leben dort ungefähr vierzig Tiere. Da die Schafzucht aber einen Großteil der lokalen Wirtschaft ausmacht, stellt die Koexistenz von Schafhirten und Wölfen eine große Herausforderung für alle dar!

8. UN CRIME PRESQUE PARFAIT

Tout semble calme autour du lac du Der-Chantecoq. Quelques bateaux **sillonnent**[1] l'eau. Pourtant, il y a deux ou trois semaines, les **matelas pneumatiques**[2], les **pédalos**[3], et les planches à voile étaient nombreux encore, et les rires et les cris des gens sur la plage se faisaient entendre.

Ce matin, un pêcheur s'est levé tôt pour profiter des premières lumières du jour. Ce n'est pas un poisson, mais un sac à main, que sa **canne à pêche**[4] a remonté du fond de l'eau. Ce sac contenait des affaires personnelles, un portefeuille avec des papiers d'identité et un passeport. Quelques heures plus tard, les pompiers retrouvaient dans la **vase**[5] le **cadavre**[6] d'une femme, cheveux longs, encore habillée de son jean, de ses bottes à talon, et de sa veste épaisse.

Le corps repose maintenant sur l'herbe. Vincent Lambert, le commissaire, regarde le visage **gonflé**[7] et il se sent mal. Non, vraiment, même quand on fait son métier, on ne s'habitue pas à la mort. Surtout quand elle est si laide… Quelques mètres plus loin, les journalistes attendent, impatients. Lambert s'approche d'eux :

1 **sillonner –** *kreuz und quer fahren; durchziehen*
2 **le matelas pneumatique –** *Luftmatratze*
3 **le pédalo –** *Tretboot*
4 **la canne à pêche –** *Angelrute*
5 **la vase –** *Schlamm*
6 **le cadavre –** *Leiche*
7 **gonflé(e) –** *aufgedunsen, aufgequollen*

– Nous n'avons rien à déclarer pour l'instant. On ne connaît pas encore les circonstances de la mort. Il s'agit peut-être d'un suicide ou d'un accident, mais cela, l'enquête nous le dira.

Les services de la **morgue**[1] viennent prendre le corps de la **noyée**[2]. Les journalistes, les pompiers, les policiers partent les uns après les autres. Lambert reste seul, les mains dans les poches. Il respire l'air froid. Ç'aurait pu être une belle journée pourtant, une de ces journées de septembre un peu **humide**[3], un peu grise, qui donne envie de mettre un gros pull, des **bottes imperméables**[4] et d'aller se promener en forêt. Mais non, c'est une journée triste.

Avant de retourner au commissariat, Lambert passe au kiosque à journaux pour dire bonjour à Frédo. Ils se connaissent depuis les années du collège. Frédo est un type intelligent mais qui n'a jamais été très fort à l'école et qui n'a pas fait d'études. Il passe ses étés au kiosque près de la plage, à vendre journaux, glaces et bonbons. Il loue également quelques pédalos. En hiver, il fait des petits travaux en tout genre et profite de son temps libre pour lire des livres. Lambert l'aime bien.

– Salut Frédo. Tu ne dois pas avoir beaucoup de clients en ce moment ?

– Pas trop, non. La saison est finie. Je ferme à la fin du mois. Dis, qu'est-ce qui se passe ? J'ai vu les voitures de pompier et la police.

– On a retrouvé le corps d'une femme au fond de l'eau.

– Mince alors ! Ça ne doit pas être beau à voir !

– **Tu parles**[5] ! Elle est là depuis au moins trois ou quatre jours ! Je te laisse imaginer… Ce qui est bizarre, c'est qu'aucune disparition n'a été signalée ces derniers temps. Heureusement, on a ses papiers. On devrait pouvoir l'identifier rapidement.

---

1   **la morgue** – *Leichenschauhaus*
2   **le/la noyé(e)** – *Ertrunkene(r)*
3   **humide** – *feucht*
4   **la botte imperméable** – *Gummistiefel*
5   **Tu parles !** – *hier: Aber hallo!; Hör mir auf!*

– Eh ben ! Allez, je t'offre un petit café ? Je n'ai que du café en **thermos**[1], mais c'est mieux que rien pour se réchauffer…

Dès le lendemain, les résultats de l'autopsie sont communiqués au commissaire. La mort par **noyade**[2] est confirmée. Il est par ailleurs noté que la femme, âgée d'une trentaine d'années, était fortement alcoolisée lors du **décès**[3]. Par contre, aucune trace de violence n'a été constatée. Cela laisse Lambert **perplexe**[4]. Cette mort ressemble à une mort accidentelle. Mais comment le corps a-t-il pu finir au milieu du lac, trop loin de la **rive**[5] pour que la noyée ait pu nager jusque-là ? L'hypothèse du meurtre ne peut pas être totalement ignorée.

– A-t-elle appelé au secours ? se demande Lambert. S'il faisait nuit au moment des faits, il est possible que personne ne l'ait entendue.

La sonnerie du téléphone le sort de ses pensées. Il reconnaît le numéro d'Hélène Mangin, la **procureure de la République**[6].

– Oui ?

– Commissaire ? J'ai du nouveau pour vous. Vous avez été informé de l'identité de la femme qui s'est noyée dans le lac ?

– Oui, une certaine Stéphanie Kessel, domiciliée à Bonn, née de mère allemande et de père français.

– Exactement. J'ai été en contact avec nos collègues allemands. La jeune femme était en France pour une histoire d'**héritage**[7]. Elle avait rendez-vous chez un notaire de Saint-Dizier, Maître Mignard.

– Très bien ! Je vais l'appeler !

---

1   **la (bouteille) thermos®** – *Thermoskanne®*
2   **la noyade** – *Ertrinken; Badeunfall*
3   **le décès** – *Tod*
4   **perplexe** – *ratlos*
5   **la rive** – *Ufer*
6   **le/la procureur(e) de la République** – *Oberstaatsanwalt(wältin)*
7   **l'héritage (m)** – *Erbe, Erbschaft*

Le notaire a ouvert un dossier devant lui, mais il parle au commissaire de police sans même regarder ses documents :

– Stéphanie Kessel est en effet venue, suite à ma demande, pour régler une affaire de **succession**[1]. Son père, Jean-Jacques Guillaume, est décédé en juillet dernier. Sur son testament, il a mentionné seulement son fils, Kévin Guillaume, qui est né cinq ans après madame Kessel. Cependant, d'après la loi, tous les enfants **légitimes**[2] ont droit à une partie de l'héritage. Dans le cas de Stéphanie Kessel, cette partie représente un tiers des biens de son père.

– Si je comprends bien, les deux autres tiers sont pour le frère, Kévin.

– Oui. Enfin… le demi-frère.

– Comment Stéphanie Kessel a-t-elle réagi au fait que le partage était inégal ?

– Plutôt mal. Elle ne s'y attendait pas. Mais j'ai eu l'impression que le problème pour elle était plus affectif que financier. Ses parents se sont séparés quand elle était toute petite. À l'époque, elle devait avoir deux ou trois ans. Sa mère, qui habitait alors en France, est repartie vivre avec elle en Allemagne. Pendant longtemps, Stéphanie Kessel n'a pas eu de nouvelles de son père. C'est seulement à la mort de sa mère, il y a cinq ans, qu'elle a repris contact avec lui.

– Vous savez si leur relation était bonne ?

– Elle, elle rêvait d'un père qui l'aurait aimée. Mais son père ne lui **a** absolument rien **légué**[3]… C'est assez significatif, non ?

– Et Kévin, il connaissait l'existence de cette sœur. Ou plutôt, de cette demi-sœur ?

– Oui. Il l'avait déjà rencontrée une fois, quand elle était venue rendre visite à son père. Je ne sais pas ce qu'il pense d'elle.

---

1   **la succession –** *Erbschaft*
2   **légitime –** *hier: ehelich*
3   **léguer qc –** *etw hinterlassen; etw vererben*

Toujours est-il[1] qu'elle n'a pas été informée tout de suite du décès de Jean-Jacques Guillaume et que personne ne l'a invitée à l'**enterrement**[2]. Je suppose que Kévin ne la considérait pas comme un membre **à part entière**[3] de la famille.

– Et lui ? J'imagine qu'il ne devait pas être très content de voir une partie de l'héritage lui **passer sous le nez**[4] ?

– Ça, je ne peux pas vous dire exactement. Il est resté très calme quand je leur ai dit ce que prévoyait la loi.

– Dites-moi, Maître Mignard… Une dernière question : en cas de décès de Stéphanie Kessel, que se passerait-il avec sa partie d'héritage ?

– Eh bien, elle n'a pas d'enfants donc son héritier, c'est… Kévin !

Le commissaire Lambert sort de chez le notaire avec un sentiment **mitigé**[5]. D'un côté, il a l'impression que les informations qu'il vient de recevoir lui sont très utiles. Kévin Guillaume avait un **mobile**[6] évident pour faire disparaître sa demi-sœur. Si celle-ci est morte assassinée, Kévin devient le suspect numéro un. De l'autre côté, cette explication semble trop simple pour être vraie. Lambert, qui est habitué aux affaires complexes, a du mal à y croire et à se réjouir trop vite.

Il trouve rapidement des renseignements sur Kévin Guillaume dans les **fichiers de la police**[7]. L'homme a commis quelques petits actes de **délinquance**[8] lorsqu'il avait vingt ans. Depuis, il semble s'être calmé. Une petite visite devrait permettre au commissaire de se rendre compte par lui-même du caractère du jeune homme… Le fils Guillaume habite dans

---

1   **toujours est-il que** – *jedenfalls*
2   **l'enterrement (m)** – *Beerdigung*
3   **à part entière** – *vollwertig; ganz und gar*
4   **passer sous le nez de qn** (ugs.) – *jdm durch die Lappen gehen*
5   **mitigé(e)** – *zwiespältig; gemischt*
6   **le mobile** – *Beweggrund; (Tat)motiv*
7   **le fichier de la police** – *Verbrecherkartei; polizeiliche (Ermittlungs)akten*
8   **la délinquance** – *(Klein)kriminalität*

le village de Giffaumont, au bord du lac, là où habitait aussi son père Jean-Jacques et où il est enterré.

Les rues de Giffaumont sont bien vides après l'été, quand les touristes n'y sont plus. Le village ressemble alors à beaucoup d'autres villages de la Marne, **paisible**[1], entouré de champs de blé, de prés pour les vaches et de forêts. Les agriculteurs, qui faisaient en partie l'identité de la région, sont vieux maintenant, et peu de jeunes **prennent la relève**[2]. L'épicerie et la boulangerie sont fermées. Lambert frappe à la porte de Kévin. C'est une jeune femme, en tee-shirt et pantalon de sport, qui lui ouvre. Elle porte un bébé dans les bras. Elle regarde le commissaire d'un œil méfiant et lui explique que Kévin son mari, **fait les vendanges**[3] dans une **exploitation viticole**[4] située à une cinquantaine de kilomètres de là. Il sera de retour dans deux heures.
– Je peux revenir tout à l'heure ? demande Lambert.
La femme accepte sans grand enthousiasme.

En attendant, Lambert décide d'aller faire une promenade près de l'eau. Ça lui fera du bien ! Il a besoin de se détendre. Il marche un peu sur un chemin qui **contourne**[5] le lac et s'arrête devant les **roseaux**[6]. Il était venu une fois à ce même endroit avec son oncle, très tôt le matin, quand il était enfant, pour observer le vol des **grues cendrées**[7]. Ce souvenir lui fait chaud au cœur. À quelques mètres de là, il aperçoit Frédo dans son kiosque à journaux.
– Salut Vincent ! Qu'est-ce qui t'amène ? Le plaisir ou le travail ?

1   **paisible** – *friedlich*
2   **prendre la relève** – *die Nachfolge antreten*
3   **faire les vendanges** – *bei der Weinlese mitmachen; Trauben lesen gehen*
4   **l'exploitation (f) viticole** – *Weinbaubetrieb*
5   **contourner qc** – *um etw herumführen*
6   **le roseau** – *Schilf*
7   **la grue cendrée** – *grauer Kranich*

– Salut Frédo ! Un peu les deux. Tu as du café dans ta thermos ?

– Bien sûr. Alors, vous avez du nouveau au sujet de la femme qui s'est noyée ?

– L'enquête avance.

– C'est un suicide ?

– Pas sûr. Il y a un suspect qui pourrait avoir eu de bonnes raisons de la tuer. Quelqu'un de sa famille. Je dois le voir tout à l'heure.

– Ah oui ? Mais ce n'est pas une preuve, ça ! Ce n'est pas parce qu'une personne a de bonnes raisons d'en tuer une autre qu'elle **passe à l'acte**[1] !

Lambert rit :

– Qu'est-ce que tu veux dire, Frédo ? Tu es en train de philosopher sur la psychologie des meurtriers ?

– Mais oui ! reprend Frédo **plein d'entrain**[2]. C'est passionnant ! Qu'est-ce qui fait qu'un être humain devient un meurtrier ? C'est une question que tu dois te poser souvent, non ?

– Oui, d'une certaine manière… Et alors, tu as la réponse ?

– Non mais… imagine quelqu'un qui tuerait sans raison. Juste pour voir ce que ça fait…

– Il **aurait l'esprit** vraiment **tordu**[3], celui-là !

– Peut-être… Mais dans ce cas, en l'absence de mobile, la police ne le retrouverait jamais.

– Tu lis trop de romans policiers, Frédo ! On ne le retrouverait jamais, sauf s'il laissait une trace, un indice qui finirait par le trahir. C'est très rare de tuer sans laisser de traces… Le crime parfait n'existe pas.

Frédo rit **à son tour**[4].

– On est partis dans une **sacrée**[5] discussion ! Allez, bois ton café avant qu'il ne refroidisse !

---

1   **passer à l'acte** – *zur Tat schreiten*
2   **plein(e) d'entrain** – *voller Begeisterung; voller Energie*
3   **avoir l'esprit tordu** *(ugs.)* – *nicht ganz richtig im Kopf sein; gestört sein*
4   **à son tour** – *seinerseits*
5   **sacré(e)** *(ugs.)* – *irrsinnig; verdammt*

Un peu plus tard, Lambert retourne frapper chez Kévin Guillaume. Cette fois, il est chez lui. C'est un homme grand et fin, l'air un peu sec mais pas méchant. Il fait entrer le commissaire. Ils s'assoient tous deux à la table de la cuisine. La femme de Kévin leur sert un verre de vin. Le bébé dort dans un **berceau**[1] au coin de la pièce.

– Vous connaissez Stéphanie Kessel ?

– Bien sûr. C'est la fille de mon père. Ma demi-sœur, si vous préférez.

– Vous savez qu'elle est morte ? Noyée dans le lac…

Kévin ouvre grand les yeux. Sa surprise semble réelle :

– Je… non… je ne savais pas ! Je l'ai rencontrée la semaine dernière chez le notaire. Ensuite, elle est venue à la maison. On a un peu discuté. Elle est partie vers vingt et une heure et je ne l'ai plus revue.

Kévin explique alors à Lambert que Stéphanie et lui se connaissaient peu. Ils n'étaient pas proches l'un de l'autre mais avaient une relation polie, et en aucun cas hostile. Bien sûr, cela avait été une mauvaise surprise pour lui d'apprendre qu'il devait partager l'héritage, mais que voulez-vous qu'on y fasse ? C'était la loi, et il ne pouvait pas la changer. Par contre, raconte-t-il, pour Stéphanie, ça avait été un véritable choc. Kévin se fait un peu méprisant :

– Je ne sais pas ce qu'elle croyait… Elle espérait qu'elle avait une place importante dans le cœur de mon père. Mais la vérité, c'est qu'il ne parlait jamais d'elle. C'est dur à dire, mais je crois qu'il **s'en fichait**[2] un peu **de** sa fille… Moi, Stéphanie, elle me **faisait de la peine**[3]. Elle était triste. Elle a bu au moins une bouteille de vin à elle toute seule et puis elle nous a dit au revoir. Elle voulait repartir chez elle en Allemagne le lendemain.

1 **le berceau** – *Wiege*
2 **se ficher de qn/qc** *(ugs.)* – *auf jdn/etw pfeifen; jdm egal sein*
3 **faire de la peine à qn** – *jdm leid tun*

Pendant tout le temps où il parle, Kévin est nerveux et **se triture**[1] les doigts. Malgré tout, le commissaire lui trouve l'air sincère.

Assis à son bureau, Lambert ouvre une grande enveloppe que lui a transmise la **police judiciaire**[2]. Elle contient une copie du **relevé de compte**[3] de Stéphanie Kessel. La somme des retraits d'argent, ainsi que les lieux dans lesquels ils ont été effectués, y sont détaillés. Stéphanie Kessel a donc utilisé sa carte visa pour la dernière fois le douze septembre, le jour même du rendez-vous chez le notaire. Elle a fait un retrait à un **distributeur automatique**[4] de cinquante euros le matin.

– Une somme normale pour manger et se payer quelques cafés pendant un ou deux jours, analyse Lambert.

Ce qui attire l'attention du commissaire, c'est le paiement de soixante-dix euros, effectué le soir, à vingt-trois heures, dans un hôtel-restaurant nommé *Auberge du lac*.

– On dirait que c'est là que Stéphanie a passé ses dernières heures. Reste à savoir si elle était seule, avec Kévin ou avec quelqu'un d'autre.

À l'*Auberge du lac*, le commissaire de police est accueilli par la propriétaire, madame Vaillant. Celle-ci regarde attentivement la photo de Stéphanie Kessel que Lambert lui montre. Elle réfléchit un bref instant, puis **se remémore**[5] les évènements :

– Oui, je me rappelle cette femme. C'était au début du mois de septembre, un soir où on n'avait pas trop de monde au restaurant. C'est assez rare de voir des dames venir manger ici toutes seules, alors je l'ai remarquée. Elle a commandé un dîner et du vin. Ça aussi, ça m'a marquée. Elle buvait et elle avait l'air triste… À un moment de la soirée, elle a fait connaissance

---

1   **se triturer qc –** *hier: mit etw spielen*
2   **la police judiciaire –** *Mordkommission; Kriminalpolizei*
3   **le relevé de compte –** *Kontoauszug*
4   **le distributeur automatique –** *Geldautomat*
5   **se remémorer qc –** *sich wieder an etw erinnern*

avec deux **gars**¹ qui avaient réservé des chambres chez nous, à l'étage. Ils étaient descendus prendre un verre. Ils ont fait la fête ensemble. Ça allait mieux. Elle, elle rigolait, et tous les trois, ils ont même dansé !

– Comment la soirée s'est-elle terminée ? Est-ce qu'ils ont quitté l'hôtel ensemble ?

– Je ne sais plus très bien, mais on a la **vidéosurveillance**². Si c'est important, on peut regarder ce qui a été filmé…

– Volontiers !

Devant l'écran, madame Vaillant commente les images :

– Vous voyez, là, comme je vous ai dit, ils s'amusent ! Elle retrouve sa bonne humeur… Ah, et maintenant, ils se disent au revoir. Les deux messieurs reprennent les escaliers pour monter dans leurs chambres, et elle, elle sort. **Bon sang**³, dans son état, ils auraient pu la raccompagner, quand même ! Vous ne trouvez pas ?

Lambert remercie et s'en va. Il faudra encore qu'il interroge les deux hommes qui ont passé avec Stéphanie ses dernières heures, mais **a priori**⁴, ils n'auront pas grand-chose à lui apprendre. Il est déçu. Son enquête n'avance pas… Il se dirige vers le lac. À cette heure-ci, la lumière du jour diminue et le ciel est magnifique. Frédo est en train de fermer son kiosque.

– Tiens Vincent, tu es encore là ? Tu as l'air soucieux…

– Oui, à cause de mon affaire de noyée. Je **piétine**⁵. Tous les suspects potentiels semblent finalement être innocents…

– Et le frère, qu'est-ce qu'il t'a raconté ? Tu devais le voir, non ?

– Rien de spécial…

---

1   **le gars** (ugs.) – Kerl, Typ
2   **la vidéosurveillance** – Videoüberwachung
3   **Bon sang!** (ugs.) – Oje!, Zum Teufel!
4   **a priori** – auf dem ersten Blick; von vornherein
5   **piétiner** – hier: keine Fortschritte machen

Vincent Lambert reprend la route. C'est la fin de sa journée de travail. Un tueur ne tue jamais sans laisser de trace ou **faire de gaffe**[1], même lorsqu'il n'a pas de mobile. Même lorsqu'il tue uniquement pour savoir l'effet que ça fait, d'être un meurtrier… Tout à coup, Vincent freine. Il vient de comprendre quelque chose. Il a du mal à y croire, et pourtant… Il fait demi-tour.

– Frédo ? C'est toi qui l'as poussée à l'eau… Tu l'as rencontrée alors qu'elle venait de quitter l'*Auberge du lac*. Vous avez discuté. Ce n'était pas difficile, elle avait tellement bu. L'alcool **délie les langues**[2]…

Étonné, Frédo regarde Vincent, qui continue :
– Elle a dû te dire des choses. Te parler d'elle, de sa journée, de son père qui l'avait déshéritée, de Kévin… Tu lui as proposé d'aller faire un tour en pédalo sur le lac. Tu l'as tuée.

Frédo répond doucement, presque en chuchotant :
– Tu es très fort, commissaire Lambert. Comment sais-tu ça ?
– Je ne t'ai jamais parlé de son frère, moi. Toi, tu m'en as parlé. Comment savais-tu qu'elle en avait un ?

Frédo, nerveux, dit alors :
– D'accord. Admettons que je sois le meurtrier. Tu ne pourras pas le prouver, si ?

Lambert sort une paire de **menottes**[3].
– Je ne sais pas encore. On verra. Tu as déjà fait une gaffe, pourquoi est-ce que tu n'en ferais pas d'autres ? En attendant, tu **es en état d'arrestation**[4].

---

1 **faire une gaffe** (ugs.) – *einen Bock schießen; einen Schnitzer machen*
2 **délier les langues** – *die Zunge(n) lösen; zum Sprechen bringen*
3 **les menottes (fPl)** – *Handschellen*
4 **être en état d'arrestation** – *festgenommen sein, verhaftet sein*

Le lac du Der-Chantecoq, bekannter unter seinem verkürzten Namen lac du Der, befindet sich im Nordosten Frankreichs, zwischen den Departements Marne und Haute-Marne, in der Region Champagne. Dieser künstliche See wurde in den Sechzigerjahren geschaffen, um Paris vor den Überschwemmungen des Flusses Marne zu bewahren. Dadurch wurden die drei Dörfer *Nuisement-aux-Bois*, *Chantecoq* und *Chambaupert* überflutet und 300 Einwohner mussten wegziehen. Wie das Leben früher dort war, kann man heute im *Musée du lac du Der* in *Sainte-Marie-du-Lac-Nuisement* sehen.

Von großer Bedeutung für Vogelkundler in der Region sind die Zugvögel. Im Winter nutzen viele Vögel, wie zum Beispiel graue Kraniche, den lac du Der für eine Pause auf ihrer langen Reise nach Afrika. Ca. eine Million Touristen bewundern jedes Jahr diesen besonderen See.

9. JOURNAL D'UN HOMME SANS MÉMOIRE

Mercredi 13 septembre

Je suis dans ma chambre d'hôpital. Le docteur vient de m'annoncer qu'une femme a reconnu ma photo dans le journal et affirme être ma compagne. Elle viendra me rendre visite après-demain. Cette heureuse nouvelle m'a donné beaucoup d'espoir… Voilà cinq jours maintenant que je suis sorti du coma. Cinq jours que je fais des efforts pour me rappeler mon nom, mon histoire… Tellement d'efforts que j'en ai mal à la tête. Peut-être que lorsque je reverrai ma compagne, mes souvenirs reviendront ? Elle apportera en tout cas des documents **certifiant**[1] mon identité à l'hôpital. Malgré cet espoir nouveau, je reste en colère. Colère contre le destin ? Non ! Colère contre le **chauffard**[2] qui m'**a foncé dessus**[3] et qui ne s'est même pas arrêté, alors que j'étais au sol. La police n'a pas pu m'en dire plus. La seule chose qu'on a retrouvée sur moi, c'est ce carnet dont les premières pages **ont été arrachées**[4]. Je ne sais pas ce qui était écrit sur ces pages, ni pourquoi elles ne sont plus là. En tout cas, je vais maintenant l'utiliser pour noter les évènements importants de mon quotidien.

Jeudi 14 septembre

Je fais quelques exercices de travail de la mémoire avec les docteurs. C'est fatigant. J'attends ma compagne avec une grande impatience !

1   **certifier –** *hier: mit Sicherheit zeigen; beglaubigen*
2   **le chauffard** *(ugs.) – Raser; Verkehrsrowdy*
3   **foncer sur qn** *– auf jdn zurasen*
4   **arracher –** *herausreißen*

Vendredi 15 septembre

Ce matin, le docteur est entré dans ma chambre, accompagné de ma compagne. Elle s'appelle Diane. Quant à moi, j'ai appris que je m'appelais Hugo Lavallée et que j'étais professeur d'histoire moderne à l'université de Nancy. Diane est beaucoup plus jeune que moi. Elle a vingt-six ans, et moi, quarante. Elle m'a raconté qu'on s'était rencontrés à un de mes cours. Elle était mon étudiante. D'après elle, le coup de foudre aurait été **réciproque**[1]. Pourtant, aujourd'hui, même si je la trouve sympathique et assez jolie, elle ne me **fait** pas **beaucoup d'effet**[2]. Serais-je donc complètement **déconnecté de la réalité**[3] ? Elle, elle avait l'air très émue de nos **retrouvailles**[4]. Elle a touché ma joue. Sa main tremblait. Elle a voulu m'embrasser. Je **me suis reculé**[5]. Par réflexe. Elle a essuyé une larme de ses yeux, et elle m'a dit : « C'est normal. Tu as besoin de temps. Je t'aiderai. »

Jeudi 5 octobre

Aujourd'hui, je suis sorti de l'hôpital. Diane est venue me chercher pour m'accompagner à la maison. J'aurais dû être content de rentrer chez moi, mais en fait, la journée a été un véritable enfer. Nous avons pris le tram jusqu'à la gare. Puis nous avons marché de la gare à la rue de l'Armée Patton où se trouve mon appartement, dans un vieil immeuble **de style haussmannien**[6]. Pendant tout le trajet, j'étais mal à l'aise. En fait, j'avais peur. Chaque bruit de moteur me faisait sursauter, comme si quelqu'un au volant d'une voiture allait me foncer dessus pour me tuer. Je me suis demandé tout à coup, de manière un peu instinctive, si mon accident avait vraiment été un accident… Est-ce que quelqu'un aurait pu **délibérément**[7]

1 **réciproque** – *gegenseitig*
2 **faire de l'effet à qn** – *auf jdn Eindruck machen*
3 **déconnecté(e) de la réalité** – *realitätsfern, wirklichkeitsblind*
4 **les retrouvailles (fPl)** – *Wiedersehen*
5 **se reculer** – *einen Schritt zurückgehen*
6 **de style haussmannien** – *im Haussmann-Stil (best. Typ Wohnhaus aus dem 19. Jh.)*
7 **délibérément** – *absichtlich*

chercher à me faire disparaître ? Depuis, cette sombre idée ne me quitte pas.

Une fois arrivé à la maison, j'ai passé l'après-midi à discuter avec Diane. Ou plus exactement, Diane a passé l'après-midi à parler du passé pendant que je l'écoutais. À vrai dire, mes sentiments actuels vis-à-vis d'elle sont très ambivalents. D'un côté, je lui suis **reconnaissant**[1] de m'aider et me soutenir comme elle le fait. J'ai besoin d'elle pour reconstruire le puzzle de mon histoire. D'un autre côté, elle m'**insupporte**[2]. Parfois, je la regarde et, sans que je puisse me l'expliquer, je ressens un mélange de haine et de **dégoût**[3]. J'ai presque envie de la frapper. En fin d'après-midi, je n'en pouvais plus. Je lui ai dit que je voulais être seul. Elle a eu l'air **vexé**[4] mais elle a accepté. Avant de partir, elle a encore proposé qu'on se voie demain. J'ai accepté pour éviter les problèmes. J'**ai fermé** la porte **à double tour**[5] derrière elle et, malgré mes soucis, je me suis endormi très tôt dans la soirée.

Vendredi 6 octobre
Ce matin, j'**ai fouillé**[6] méthodiquement mon appartement, comme un voleur à la recherche de biens précieux. Je cherchais des documents qui pourraient me donner des informations sur mon passé, des photos par exemple, du courrier, ou un journal, comme celui que j'écris actuellement. Mais à part des livres et des CD sur les étagères, je n'ai rien trouvé d'intéressant. Il n'y a ici aucunes traces personnelles qui rendent normalement un appartement vivant. L'ordinateur dans le bureau ? Impossible de me rappeler le mot de passe pour y entrer ! C'est la même chose pour mon téléphone portable : je ne peux pas avoir accès aux données qu'il contient. C'est vraiment énervant ! Diane est

---

1	**reconnaissant(e)** – *dankbar*
2	**insupporter qn** – *jdm auf die Nerven gehen*
3	**le dégoût** – *Abscheu*
4	**vexé(e)** – *beleidigt*
5	**fermer qc à double tour** – *etw zweimal abschließen*
6	**fouiller qc** – *etw durchsuchen; in etw wühlen*

venue à midi. Elle a apporté une **tourte**[1] pour le déjeuner. Elle savait que j'adore ça !

Dimanche 7 octobre

Je suis allé visiter le musée des Beaux-Arts avec Diane. **À plusieurs reprises**[2], elle a essayé de me prendre par le bras ou de **se blottir contre**[3] moi. À chaque fois, je me suis éloigné. La pauvre ! Les œuvres du musée m'ont beaucoup plu mais comme hier, un sentiment d'insécurité m'a accompagné tout le temps de la visite. Je suis totalement **angoissé**[4] par l'idée que quelqu'un me suit, m'**espionne**[5] et attend le bon moment pour me tuer. Bref, je deviens complètement **paranoïaque**[6]. Il faudra que j'en parle aux médecins lors de mon prochain rendez-vous à l'hôpital.

Lundi 8 octobre

Séance à l'hôpital avec les neurologues. C'est très frustrant, j'ai l'impression de ne faire aucun progrès. Diane m'a fait livrer un bouquet de fleurs à la maison. Ce geste, qui se voulait gentil, m'**a** plutôt **irrité**[7]. Je ne me sens absolument pas d'humeur romantique !

Samedi 13 octobre

Diane et moi, nous sommes allés manger dans la vieille ville, puis nous avons pris un verre place Stanislas. Tout à coup, j'ai entendu quelqu'un m'appeler. Je me suis retourné. Un homme se tenait devant moi, et sans un seul regard pour Diane, il m'a tendu la main pour me saluer. Évidemment, je ne savais pas qui il était. J'ai dû lui expliquer en deux mots que j'**avais été**

---

1   **la tourte** – *Fleischpastete (lothringische Spezialität)*
2   **à plusieurs reprises** – *mehrmals, ein paarmal*
3   **se blottir contre qn** – *sich an jdn drücken, sich an jdn schmiegen*
4   **angoissé(e)** – *angstvoll, angsterfüllt*
5   **espionner qn** – *jdm nachspionieren*
6   **paranoïaque** – *paranoisch; geistesgestört*
7   **irriter qn** – *jdn verärgern*

renversé[1] par une voiture, et que depuis, j'étais **amnésique**[2]. Il m'a dit que lui et moi, nous étions collègues, et qu'il avait déjà été informé de mon problème. Il m'a laissé sa carte de visite et a proposé qu'on se rencontre prochainement. J'ai ainsi découvert qu'il s'appelait Achille Perron, et que comme moi, il enseignait l'histoire. Quand il a disparu au coin de la rue, Diane m'**a** tout de suite **mis en garde**[3]. D'après elle, Perron est un homme jaloux de ma carrière, et il pourrait être **malveillant**[4].

Dimanche 14 octobre

Je suis resté à la maison. Diane a appelé plusieurs fois et elle a laissé des messages sur le répondeur, mais je n'ai pas répondu. J'ai écouté une émission à la radio sur le festival « Nancy Jazz Pulsations » qui a lieu en ce moment. J'ai bien envie d'aller à un concert pour me changer les idées. Il y a de nombreux CD de jazz dans mon appartement et je les écoute avec plaisir. Sur ce point, au moins, je n'ai pas changé. Je suis toujours le même, avant et après l'accident !

Lundi 15 octobre

J'ai passé un coup de fil à Achille Perron. On s'est donné rendez-vous à la **Pépinière**[5]. Les arbres ont déjà leurs couleurs d'automne et c'est magnifique. Nous avons marché tout en discutant. J'ai demandé à Perron de me dire ce qu'il savait sur moi. À vrai dire, il n'a pas pu me donner beaucoup d'informations. Il semblerait que lui et moi, nous avions plus l'habitude de parler de nos domaines d'études que de nos vies privées. Mais il m'a quand même appris que j'avais été marié et divorcé. Je ne m'attendais pas à ça ! Moi, marié ? C'est un sentiment étrange de ne même pas connaître le prénom de mon ex-femme. D'après Perron, elle s'appellerait Hélène, et mes nombreuses infidélités auraient été

---

1   **renverser** – *hier: umfahren*
2   **amnésique** – *an Amnesie leidend*
3   **mettre qn en garde** – *jdn warnen*
4   **malveillant(e)** – *boshaft*
5   **la Pépinière** – *botanischer Garten in Nancy*

la cause de nos disputes. Suite à notre séparation, Hélène aurait quitté Nancy pour s'installer dans le sud et commencer une nouvelle vie. J'ai eu l'impression, pendant toute cette conversation, que Perron parlait d'Hélène comme s'il la connaissait. Je me suis même demandé s'ils n'avaient pas été amants et cette pensée m'a rendu jaloux. C'est absurde ! Jaloux pour une femme dont je ne me rappelle même pas le visage, et **qui plus est**[1], que j'aurais moi-même trompée… J'essaie de **me raisonner**[2]…

Mardi 16 octobre

J'ai rappelé Perron pour qu'il me donne les **coordonnées**[3] d'Hélène. J'ai besoin de lui parler. Elle pourra peut-être m'aider à comprendre ce qui s'est passé le jour de l'accident. Perron m'a répondu qu'il lui demanderait d'abord son autorisation. Quelle arrogance ! Il m'a énervé, mais j'ai préféré rester aimable.

Mercredi 17 octobre

J'ai eu une dispute avec Diane. Je lui ai clairement reproché de ne pas m'avoir dit que j'avais été marié. Elle a un peu pleuré et elle s'est **vaguement**[4] excusée. Elle m'a assuré qu'elle voulait m'en parler, mais qu'elle pensait que c'était encore trop tôt, qu'elle ne voulait pas me **perturber**[5] avec trop d'informations pénibles. Elle m'a raconté une version de la séparation un peu différente de la version de Perron. D'après elle, je n'étais pas du tout un homme **volage**[6]. Mais voilà, Diane et moi étions tombés amoureux l'un de l'autre. Ma femme avait su très rapidement que nous avions une liaison, ce que nous n'avions d'ailleurs pas vraiment cherché à cacher. Bien sûr, Hélène avait été blessée et elle avait demandé le divorce. Nous avions alors tous été d'accord pour dire que c'était mieux comme ça. Diane m'a encore conseillé

---

de me méfier de Perron. Elle prétend qu'il est **malhonnête**[1]. Il aurait profité de mon accident pour publier les résultats d'une recherche que nous avions faite à deux, sans même mentionner mon nom, comme s'il en était l'unique auteur.

Jeudi 18 octobre

Diane est encore venue chez moi. Je lui ai demandé assez **sèchement**[2] de me laisser seul. Cela a été difficile de la convaincre. Elle voulait absolument rester à mes côtés. Finalement, elle est partie, fâchée. Après cela, j'avais un incroyable mal de tête. J'ai écouté Miles Davis pour me détendre et ça m'a fait du bien. Mais le sentiment que quelqu'un m'espionnait et la peur sont revenus. J'ai cru entendre du bruit devant la porte d'entrée. J'ai regardé par le **judas**[3] mais la lumière du couloir était éteinte et je n'ai vu personne. Je n'ai pas osé ouvrir la porte.

Vendredi 19 octobre

Le matin, j'ai eu mes habituels rendez-vous avec différentes équipes médicales de l'hôpital. Pour les psychiatres et les neurologues, je suis un **cas d'école**[4] bien intéressant ! En rentrant, j'ai eu un choc : quelqu'un était dans mon appartement. Finalement, ce n'était que la femme de ménage. Diane lui avait donné un **double des clés**[5] pour qu'elle vienne faire de l'ordre. Cette **intrusion**[6] dans mon espace privé m'a mis dans une **colère noire**[7]. J'étais en train de me diriger vers le téléphone pour appeler Diane et **mettre les points sur les « i »**[8] quand ce même téléphone a sonné. C'était Hélène, mon ex-femme. Achille Perron lui avait parlé de notre échange. Elle est restée froide et distante, mais elle a quand même accepté de

---

1 **malhonnête** – *unehrlich; unanständig*
2 **sèchement** – *schroff*
3 **le judas** – *Guckloch*
4 **le cas d'école** – *Paradebeispiel*
5 **le double des clés** – *Ersatzschlüssel, Zweitschlüssel*
6 **l'intrusion (f)** – *Eindringen*
7 **la colère noire** – *Riesenwut*
8 **mettre les points sur les « i »** – *(sehr) deutlich werden*

me raconter les grandes lignes de notre histoire. Nous avons donc été mariés pendant onze ans. Notre relation, comme toute relation, a connu des hauts et des bas. Il paraît que j'ai parfois été infidèle, mais qu'Hélène fermait les yeux. D'ailleurs, elle ne cache pas que de son côté, elle se serait aussi autorisée une ou deux aventures **extra-conjugales**[1]. Toutefois, ce sont les deux dernières années de notre vie commune qui auraient vraiment posé problème. Je recevais quasiment chaque jour des SMS, des lettres ou des fleurs d'une jeune étudiante qui était tombée amoureuse de moi. J'**avais beau**[2] affirmer qu'il ne s'était jamais rien passé entre elle et moi, et que la jeune femme **délirait**[3] complètement, Hélène avait du mal à me croire. Surtout, elle vivait ce **harcèlement**[4] quotidien comme une provocation **à son égard**[5]. Elle ne le supportait pas. Elle en devenait folle. Nous avons commencé à nous disputer de plus en plus souvent jusqu'à la **rupture**[6] finale.

Samedi 20 octobre

J'ai passé la journée à la maison, complètement stressé, avec une migraine désagréable. On a frappé deux fois à la porte, mais je ne suis pas allé ouvrir. Je craignais que ce soit Diane. Finalement, vers dix-huit heures, j'ai décidé de sortir. Après tout, je suis un homme libre, non ? Ce n'est pas une petite jeune de vingt-six ans qui va m'empêcher de vivre ma vie ! Diane n'était pas dans le couloir de l'immeuble, ni dans la rue. J'en ai été soulagé. Je me suis dépêché d'avancer. C'est idiot, mais j'avais peur de la voir apparaître à chaque carrefour. Je marchais à toute vitesse, comme si j'**avais la mort aux trousses**[7].

---

1   **extra-conjugal(e)** – *außerehelich*
2   **avoir beau faire qc** – *sich vergeblich bemühen, etw zu tun*
3   **délirer** – *spinnen*
4   **le harcèlement** – *Belästigung*
5   **à l'égard de qn** – *jdm gegenüber*
6   **la rupture** – *Bruch; Schluss*
7   **avoir la mort aux trousses** – *den Tod im Nacken haben*

Je suis allé au Théâtre de la Manufacture. On y donnait un concert dans le cadre du festival de jazz. J'ai regardé tout autour de moi et je n'ai pas vu Diane. Pourtant, je suis sûr qu'elle était quelque part dans la salle, cachée parmi les spectateurs, et qu'elle m'observait. Après le concert, je suis rentré chez moi à pied. Je me suis arrêté dans la rue Victor Hugo. Je ne m'en rappelais pas consciemment, mais j'avais l'impression que c'était la rue dans laquelle j'avais eu mon accident. À ce moment-là, une voiture est arrivée **en trombe**[1]. J'ai juste eu le temps de sauter sur le côté pour l'éviter. Elle s'est garée un peu plus loin. Diane en est descendue. Elle était **en furie**[2], elle hurlait. J'ai cru comprendre qu'elle me reprochait de ne pas répondre à ses appels et de l'éviter. Je l'**ai traitée de** pauvre **folle**[3]. Alors, elle a voulu me frapper. J'ai arrêté son bras à temps. Je l'ai regardée droit dans les yeux. Maintenant, j'étais absolument sûr que je n'avais jamais eu de relation avec elle. Elle avait tout inventé. Sans que je lui demande quelque chose, elle m'a avoué que c'était elle, le jour de l'accident, qui avait foncé sur moi. Elle a crié que tout était de ma faute puisque j'étais si méchant avec elle. Alors, je ne me suis plus contrôlé. J'ai commencé à lui donner des coups, partout, sur le visage, sur la tête, sur le dos, dans le ventre. J'étais **hors de moi**[4]. J'ai juste entendu les sirènes de la police que des voisins avaient alertée. J'ai été arrêté.

Lundi 22 octobre
Diane continue de me téléphoner et de m'envoyer des fleurs, comme si de rien n'était. Cette fille est une vraie folle obsessionnelle, une **harceleuse**[5] complètement malade. C'est terrible… ! Je ne vais jamais réussir à m'en libérer. **À moins de**[6] la faire disparaître…

1	**arriver en trombe** – *(blitzschnell) heranrasen*
2	**être en furie** – *vor Wut schäumen*
3	**traiter qn de fou/folle** – *jdn einen Spinner/eine Spinnerin nennen*
4	**être hors de soi** – *außer sich sein*
5	**le/la harceleur(-euse)** – *Stalker(in)*
6	**à moins de (faire qc)** – *wenn … nicht*

Nancy liegt in Lothringen, nicht sehr weit von Straßburg entfernt. Die Stadt war einst die Hauptstadt des Herzogtums Lothringen, das 1766 an das Königreich Frankreich angeschlossen wurde. *Le Palais ducal* (herzoglicher Palast) in der Altstadt beherbergt heute die Grabmäler der Herzöge. Der Hauptplatz, *la place Stanislas*, aus dem 18. Jahrhundert ist von feinen schmiedeeisernen Zäunen und Toren umgeben und gehört zu den schönsten Sehenswürdigkeiten der Stadt. Der Platz steht sogar auf der Liste des UNESCO-Weltkulturerbes! Den botanischen Garten, *le parc de la Pépinière*, von den Einheimischen auch liebevoll *la Pép'* genannt, hat der aus Polen stammende Herzog Stanislas anlegen lassen.

Nancy ist auch berühmt für die *École de Nancy*, eine Kunstbewegung, die den Jugendstil bzw. den *Art nouveau* in Frankreich eingeführt hat. Zu den gastronomischen Spezialitäten der Region zählen u.a. die *quiche lorraine* (eine Art Zwiebelkuchen mit Speck), die *tourtes* oder *pâtés lorrains* (Fleischpasteten), Mirabellenschnaps und Bergamotte-Bonbons.

10. ÇA NE RIGOLE PLUS !

Assise sur un banc du centre-ville, à deux pas de la mairie, Rose mange un sandwich qu'elle s'est acheté pour la pause déjeuner. Elle est distraite par la présence de trois clowns qui font un numéro dans la rue. L'un d'eux, longue veste jaune, pantalon vert et cheveux bouclés, se place devant la pharmacie. Il **tire la langue**[1], prend un air malheureux, comme s'il était malade, sort son mouchoir et **essuie**[2] son gros nez rouge. Les passants s'arrêtent, curieux et amusés. Le clown prend une fleur en plastique dans son sac et l'offre à une vieille dame qui sort du magasin, ses médicaments sous le bras.

À côté d'elle, un homme s'adresse à Rose en **bougonnant**[3] :
– Et qui est-ce qui paye ces **zigotos**[4], hein ? C'est le **contribuable**[5], bien sûr ! Comme s'il n'y avait rien d'autre à faire avec l'argent public !

Rose ne lui répond même pas. Elle a horreur des gens qui **râlent**[6] tout le temps ! Elle **jette un œil sur**[7] l'horloge, sur la façade de la mairie. Treize heures vingt. C'est l'heure de retourner au travail !

La jeune femme a tout juste vingt-cinq ans et elle fait des études dans le domaine du tourisme. Pendant l'été, elle travaille

---

1   **tirer la langue** – *die Zunge herausstrecken*
2   **essuyer** – *hier: abputzen*
3   **bougonner** – *murren; brummeln*
4   **le zigoto** (ugs.) – *komischer Kauz*
5   **le/la contribuable** – *Steuerzahler(in)*
6   **râler** – *meckern*
7   **jeter un œil sur qc** – *einen Blick auf etw werfen*

au Musée de la pipe et du diamant, à Saint-Claude. L'activité n'est pas passionnante : elle renseigne les visiteurs et vend les tickets à la caisse. Malgré tout, Rose est contente de passer quelques semaines dans le Haut-Jura. Saint-Claude est une jolie petite ville, située au fond d'une vallée, entourée de monts recouverts de sapins.

– Alors, bien mangé ? lui demande Marianne, sa collègue, quand elle s'installe derrière la caisse, dans le hall d'entrée du musée.
– Ça va. J'ai pris un sandwich dans une boulangerie près de la mairie. Il y avait des clowns dans la rue du Pré ! Je les ai regardés et le temps a passé à toute vitesse ! J'**ai failli**[1] arriver en retard !
– Ah oui ! Ce sont les « clowns municipaux » ! C'est le maire, Monsieur Jacquemin, qui les a fait venir pour animer le centre pendant la saison touristique. Il est bien, Monsieur Jacquemin. Ça fait quinze ans qu'il est à la mairie. Alors, tu penses ! Il connaît bien son affaire. Mais il n'a pas toujours eu la vie facile…

Rose a pris l'habitude d'écouter les histoires de sa collègue, pas toujours d'un grand intérêt, mais au moins, **distrayantes**[2] ! Marianne, qui est âgée d'une cinquantaine d'années, a passé sa vie à Saint-Claude. Elle est toujours informée des **ragots**[3] qui courent dans la ville, et une de ses activités favorites consiste à les **colporter**[4].
– Non, il n'a pas toujours eu la vie facile, le pauvre Jacquemin. Sa femme est décédée il y a longtemps et il a élevé son fils Nathan tout seul, un grand **gaillard**[5] qui n'a jamais rien fait à l'école, qui n'a même pas son baccalauréat et en plus, qui se drogue…

---

1 **faillir faire qc** – *beinahe etw tun*
2 **distrayant(e)** – *unterhaltsam*
3 **les ragots (mPl)** *(ugs.)* – *Klatsch, Tratsch*
4 **colporter qc** – *etw verbreiten*
5 **le gaillard** – *Kerl*

Des cris interrompent son récit. C'est la voix de monsieur Lamiol, le directeur du musée.

– La bague ! La bague de la reine a disparu ! La bague d'Anne de Bretagne ! Au voleur ! Appelez la police !

Marianne ouvre de grands yeux ronds.

– La bague d'Anne de Bretagne ? C'est un diamant qui vaut des milliers d'euros ! Normalement, elle est protégée ! Pourquoi est-ce que l'alarme n'a pas fonctionné ?

La police arrive très vite sur place. Les agents bloquent les sorties du musée, contrôlent l'identité des visiteurs et examinent chaque **recoin**[1] dans l'espoir de découvrir un **indice**[2]. Marcel, le gardien des salles, est inquiet.

– Apparemment, le voleur serait entré par la fenêtre du premier étage. Je l'avais laissée ouverte. Il fait tellement chaud dans ces salles en été… Ce n'est pas ma faute, à moi ! Vous croyez que je vais avoir des problèmes ?

– Ne te fais pas de souci, le rassure Marianne. Il y a les caméras de surveillance. On va retrouver le voleur rapidement et tout ira bien !

Le soir, dans son appartement, Rose dîne en repensant aux évènements de la journée. Elle **a une boule dans l'estomac**[3]. Normalement, Saint-Claude est une ville tranquille, presque ennuyeuse, dans laquelle il ne se passe jamais rien. Qui a bien pu faire le coup au musée ? Et si le voleur avait été armé ? Les choses auraient pu **mal tourner**[4]. Finalement, c'est une chance qu'il n'y ait pas eu de blessés. La jeune fille regarde dehors, par la fenêtre. Il ne fait pas encore nuit. Elle a besoin de se changer les idées. Elle met sa veste, descend dans la rue et prend la direction du cinéma.

---

1   **le recoin** – *Winkel*
2   **l'indice (m)** – *Zeichen; Indiz*
3   **avoir une boule dans l'estomac** *(ugs.)* – *ein flaues Gefühl im Magen haben*
4   **mal tourner** – *schlecht enden, übel ausgehen*

Rose est dans la queue pour acheter son billet. Un grand blond aux cheveux bouclés se tient devant elle. Elle a l'impression de l'avoir déjà vu quelque part. L'homme, se sentant observé, se retourne et lui sourit gentiment.

– On se connaît ? demande-t-il.

– Je crois que oui, répond Rose en rougissant. Mais je ne suis pas bien certaine. Votre visage me dit quelque chose…

– Vous m'avez peut-être vu dans la rue quand j'étais déguisé en clown. Je fais des animations dans le centre-ville.

– Ah oui ! C'est sûrement ça !

– Enchanté. Je m'appelle Thibaud.

Après la séance de cinéma, Thibaud propose à Rose d'aller prendre un verre dans un café. Plus tard, au moment de se dire au revoir à la fin de la soirée, ils échangent leurs numéros de téléphone.

Au musée, la vie **reprend son cours[1] tant bien que mal[2]**. Quand ils ont une minute de libre, Marcel, Marianne et Rose en profitent pour s'informer des dernières nouvelles.

– Je ne suis pas le seul à avoir été **négligent[3]** ! raconte Marcel sur le ton du secret. Les alarmes étaient défectueuses depuis plusieurs semaines et personne ne les a fait réparer.

– En tout cas, Saint-Claude n'est plus ce que c'était, se plaint Marianne. Je n'ose même plus rentrer chez moi toute seule le soir. D'abord, cette histoire au musée. Et puis hier, ma voisine qui est infirmière à l'hôpital m'a raconté que Nathan Jacquemin, le fils du maire, s'était fait frapper dans la rue par des inconnus. Le pauvre ! Il était à peine **reconnaissable[4]**. Il avait les **arcades sourcilières[5]** en sang, la **mâchoire fracassée[6]**. Non mais, vous vous rendez compte ?

---

1   **reprendre son cours** – *wieder seinen Lauf nehmen*
2   **tant bien que mal** – *mehr schlecht als recht*
3   **négligent(e)** – *nachlässig*
4   **reconnaissable** – *wiederzuerkennen*
5   **l'arcade (f) sourcilière** – *Augenbrauenbogen*
6   **la mâchoire fracassée** – *zertrümmerter Kiefer*

– Et s'il s'agissait d'un **règlement de comptes**[1] ? suggère Rose. Tu m'as bien raconté que le fils Jacquemin **traînait**[2] dans les milieux de la drogue, non ?

– Règlement de comptes ou pas, on n'est plus en sécurité !

Le lundi suivant, jour de fermeture du musée, Rose et Thibaud vont se promener à la **cascade**[3] de La Queue de Cheval, à proximité de Saint-Claude. La journée est belle. Le soleil baigne les pins de sa lumière fraîche. En fin d'après-midi, le jeune homme propose de dîner chez lui. Il habite en colocation avec un ami. Rose accepte.

– Tiens, c'est bizarre, j'étais sûr d'avoir fermé à clé, remarque-t-il quand il ouvre la porte de son appartement.

Il n'a pas le temps d'en dire plus qu'un homme masqué le pousse violemment au sol et **braque**[4] un revolver vers lui. Rose **est à deux doigts de**[5] crier, d'appeler au secours. Mais une petite voix en elle lui **intime l'ordre**[6] de ne pas céder à la panique, afin de ne pas mettre la vie de son ami en danger.

– Où est le diamant ? demande l'homme à Thibaud. Parle ou tu es mort !

– Je… Je ne sais pas, **balbutie**[7] ce dernier. Je ne sais pas de quoi vous parlez. Je vous assure…

À ce moment-là, des voisins passent dans le couloir. Leurs voix se font proches, puis s'éloignent. L'homme fait signe à Thibaud et Rose de se mettre dans un coin de la pièce, face au mur. **Tétanisés**[8], les deux obéissent, tout en se demandant si leur dernière heure n'a pas sonné. Ils entendent alors les pas

1   **le règlement de comptes** – *Abrechnung; Vergeltungsakt*
2   **traîner** (*ugs.*) – *abhängen, (he)rumhängen*
3   **la cascade** – *Wasserfall*
4   **braquer qc sur/vers qn** – *etw auf jdn richten*
5   **être à deux doigts de faire qc** (*ugs.*) – *drauf und dran sein, etw zu tun*
6   **intimer l'ordre à qn** – *jdm den Befehl erteilen*
7   **balbutier** – *stammeln; stottern*
8   **tétanisé(e)** – *starr (vor Angst), wie gelähmt (vor Angst)*

de l'homme qui se dirige vers la porte. Celle-ci s'ouvre, puis se referme. Thibaud et Rose restent encore quelques minutes sans bouger. Quand ils sont sûrs que l'homme est bien parti, ils osent enfin se tourner l'un vers l'autre.

– Ça va, Rose ?

– Oui, répond-elle, **blême**[1]. Tu as vu ? L'appartement est **sens dessus dessous**[2]. Tu peux m'expliquer ce qui s'est passé ? Qui était ce type ?

Thibaud **s'effondre**[3] sur le canapé et se prend la tête dans les mains. Il a l'air totalement désespéré.

– Je n'ai rien à voir avec toute cette sale histoire, crois-moi. C'est Nathan, mon colocataire…

– Nathan ? Tu veux dire… Nathan Jacquemin ? Le fils du maire ?

Thibaud relève la tête, étonné.

– Tu le connais ?

– Oui… Enfin, non. Mais j'ai entendu parler de lui.

Thibaud hésite un instant, puis il reprend :

– Nathan est un vieux copain. On est allés au lycée ensemble. Nathan a toujours été quelqu'un de fragile, un peu immature, porté sur le haschich et l'alcool. Mais c'était surtout pour faire la fête. Ces derniers temps, j'ai remarqué qu'il allait de plus en plus mal et qu'il **ne tournait plus** très **rond**[4]. Il a commencé à **toucher à la coke**[5], peut-être même plus grave, à l'héroïne, je ne sais pas exactement. En tout cas, il est devenu **anxieux**[6], agressif. Il sortait toutes les nuits jusqu'à sept heures du matin et dormait toute la journée suivante. Il s'est mis à fréquenter des gens bizarres. Et puis,

---

1   **blême** – *bleich*
2   **être sens dessus dessous** – *auf den Kopf gestellt sein*
3   **s'effondrer** – *zusammenbrechen*
4   **ne plus tourner rond (ugs.)** – *nicht mehr ganz richtig im Kopf sein*
5   **toucher à la coke** – *koksen*
6   **anxieux(-euse)** – *ängstlich*

la semaine dernière, il n'est pas rentré du tout. Il **s'était fait casser la figure**[1] par des **petits malfrats**[2] dans la rue. Je suis allé le voir à l'hôpital. Il y est depuis quelques jours et il n'en sortira que la semaine prochaine. Il m'a dit que c'étaient les **hommes de main**[3] d'un gros dealer auquel il devait de l'argent qui l'avaient frappé.

– Et le diamant ?

– Eh bien… comme toi, je suis en train de me demander si ce n'est pas lui qui l'aurait volé ! Mais dans ce cas, qu'en aurait-il fait ? S'il n'a toujours pas **remboursé ses dettes**[4], je suppose qu'il ne l'a pas encore vendu et qu'il le cache quelque part… Mais où ?

Quand elle retourne au travail, Rose ne peut pas s'empêcher de penser aux révélations faites par Thibaud. Elle écoute à peine ses collègues qui discutent comme à leur habitude :

– Le jour du vol, les caméras de surveillance n'étaient même pas allumées ! C'est fou, non ?

– C'est Lamiol le responsable ! Il devrait être renvoyé ! Ce n'est pas normal qu'il soit encore à son poste aujourd'hui, après toutes les erreurs qu'il a faites !

Le soir, vers vingt-deux heures, alors que Rose se repose chez elle, on frappe à sa porte. Il fait déjà nuit et seule la lumière des **réverbères**[5] éclaire la rue. Rose, intriguée, regarde par le **judas**[6]. Rassurée d'apercevoir Thibaud, elle l'invite à entrer.

– J'ai beaucoup réfléchi, annonce-t-il sans même prendre le temps de la saluer. Je sais où se trouve le diamant. Au cimetière !

Rose **ne sourcille pas**[7]. Elle se demande où son ami veut en venir. Celui-ci continue :

1	**se faire casser la figure par qn** (*ugs.*) – *von jdm verprügelt werden*
2	**le petit malfrat** (*ugs.*) – *kleiner Gauner*
3	**l'homme (m) de main** – *Handlanger; Helfershelfer*
4	**rembourser ses dettes** – *seinen Schulden zurückzahlen*
5	**le réverbère** – *Straßenlaterne*
6	**le judas** – *Guckloch*
7	**ne pas sourciller** – *nicht mit der Wimper zucken*

– C'est le seul lieu où Nathan passe du temps seul régulièrement, pour aller **se recueillir sur la tombe de**[1] sa mère. C'est un endroit sacré pour lui. Je suis persuadé que c'est là qu'il a mis le bijou.

Et après une pause, il ajoute :
– Tu m'accompagnes ? Tout le monde dort. On sera tranquilles.
– Comment ? s'exclame Rose, tout à coup paniquée. Au cimetière ? Tu ne veux quand même pas me faire aller au cimetière chercher un diamant entre les tombes à cette heure-ci ? Tu es fou ?!

Dans les allées **bordées de**[2] croix et de mausolées, Rose tient le bras de Thibaud. Finalement, le jeune homme l'a convaincue et elle l'a suivi. Elle **oscille**[3] entre la peur et le fou rire. Elle n'est pas **superstitieuse**[4], mais quand même… Marcher en pleine nuit dans un cimetière n'a vraiment rien de rassurant ! Dans l'obscurité, les défunts, sur les photos, ont l'air d'avoir de grands trous noirs à la place des yeux et de dire : « Que font ici ces deux visiteurs ? Sacrilège ! Nous **nous vengerons**[5]… » Même Thibaud, quand Rose le regarde, a un visage effrayant sur lequel de drôles d'ombres se promènent. Sans faire attention à l'inquiétude de Rose, il **s'est accroupi**[6] sur la tombe de madame Jacquemin et cherche entre les pots de fleurs et dans la terre le fameux bijou… Tout à coup, Rose a un grand sentiment de fatigue. Elle trouve absurde d'être là, elle préfèrerait mille fois être dans son lit. Une voix de femme la fait alors sursauter :
– Bonsoir !

1   **se recueillir sur la tombe de qn** – *einer Person an deren Grab gedenken*
2   **bordé(e) de qc** – *mit etw gesäumt*
3   **osciller** – *schwanken*
4   **superstitieux(-euse)** – *abergläubisch*
5   **se venger** – *sich rächen*
6   **s'accroupir** – *hocken; in die Hocke gehen*

Celle qui a parlé porte des cheveux longs, épais, et un grand manteau sombre. Dans la nuit, il est difficile de lui donner un âge, mais elle semble vieille et **crasseuse**[1]. Instinctivement, Rose et Thibaud se rapprochent l'un de l'autre et Thibaud prend Rose par l'épaule.

– C'est ça que vous cherchez ?

La femme montre le dos de sa main avec, à son **index**[2], la bague.

– Mais… où l'avez-vous prise ? C'est vous qui l'avez volée au musée ? avance timidement Rose.

– Comment ? **rétorque**[3] la femme, apparemment **offensée**[4]. Moi, voler la bague ? Bien sûr que non ! Cette bague m'appartient ! Je suis la reine, Anne de Bretagne !

À ce moment-là, un homme masqué, le même que celui qui s'était introduit chez Thibaud et Nathan, sort de l'ombre. Il tient une arme à la main.

– Donne-moi ton bijou ! dit-il à la femme.

Cette dernière proteste et répète comme une litanie :

– Non ! Elle est à moi ! Je suis la reine, Anne de Bretagne. C'est ma bague. Ma bague à moi, la reine de Bretagne.

L'homme, **décontenancé**[5] par cette réaction, s'approche d'elle et ordonne encore :

– Le bijou ! Donne !

La vieille femme **fait mine de**[6] tendre la main pour que l'homme puisse prendre la bague, mais au dernier moment, elle **se recule**[7]. Thibaud profite de l'effet de surprise pour sauter sur l'homme et lui

---

1   **crasseux(-euse)** (*ugs.*) – *dreckig*
2   **l'index** (m) – *Zeigefinger*
3   **rétorquer** – *erwidern*
4   **offensé(e)** – *beleidigt*
5   **décontenancé(e)** – *fassungslos*
6   **faire mine de...** – *so tun, als ob ...*
7   **se reculer** – *(einige Schritte) zurückgehen, zurücktreten*

arracher son arme. Le revolver tombe par terre. Rose se précipite pour le ramasser et le lance loin, dans des buissons. L'homme cherche à s'enfuir, mais Thibaud le retient par la veste. Après une lutte de quelques secondes, il finit enfin par se libérer et par partir en courant, abandonnant toutefois son vêtement à Thibaud, qui **s'empresse de**[1] fouiller les poches. Il y trouve un portefeuille !

– Ouvre-le vite ! dit Rose. Il y a des papiers ?

– Oui… Attends… Oh !… C'est Lamiol !

Le lendemain, le musée **est en émoi**[2] ! Les employés ont appris que leur directeur avait été arrêté pendant la nuit. Cette fois, ce n'est pas Marianne, mais Rose, qui a des informations **palpitantes**[3] à partager !

– Saviez-vous que le diamant volé était un faux ? Lamiol l'avait substitué au vrai il y a déjà plusieurs mois. Il espérait bien s'offrir ainsi prochainement une retraite plus que confortable. Le vol était pour lui un véritable problème ! La police, si elle retrouvait le voleur, risquait de **découvrir** en même temps **le pot aux roses**[4] ! Il lui fallait donc agir, et rapidement… Il y avait bien des caméras de surveillance, le jour du vol. Lamiol les a visionnées et a détruit les bandes. Il savait donc qui était le voleur. Comme il ne pouvait rien attendre de Nathan, tant que celui-ci serait à l'hôpital, il a suivi Thibaud, son colocataire, en pensant qu'il le mènerait au « trésor ». Et effectivement, c'est ce qui s'est passé ! Sauf que la présence d'une vieille femme **démente**[5], qui avait trouvé par hasard le bijou et qui se prenait pour la reine, a changé la situation.

– Eh bien ! plaisante Marianne. Moi qui prenais ton clown pour un rigolo ! Finalement, il est plus raisonnable que ce que je pensais !

– Tu as raison, dit Rose en faisant un clin d'œil ! Et entre lui et moi, c'est du sérieux !

---

1 **s'empresser de faire qc –** *sich beeilen etw zu tun*
2 **être en émoi –** *in (heller) Aufregung sein*
3 **palpitant(e) –** *aufregend, spannend*
4 **découvrir le pot aux roses –** *dahinterkommen; das Geheimnis entdecken*
5 **dément(e) –** *dement; geisteskrank*

Saint-Claude ist eine kleine Stadt im Regionalpark *Haut-Jura* in der Nähe der Schweiz. Sie wurde Anfang des 5. Jahrhunderts um ein Mönchkloster gegründet – die *Abbaye de Saint-Claude*, von der heute nur noch Relikte übrig sind. 1160 n. Chr. wurde hier die angeblich noch intakte Leiche des Mönchs Saint-Claude, der vier Jahrhunderte zuvor gestorben war, gefunden. Von dieser Zeit an wurde die Stadt Saint-Claude zur Pilgerstätte, zu der auch Könige und Königinnen reisten.

Es gibt zwar keine Diamanten in Saint-Claude, aber die Stadt wird ab 1550 ein bedeutendes Zentrum für die Verarbeitung von Diamanten und Edelsteinen. Eine andere Spezialität aus Saint-Claude ist seit dem 18. Jahrhundert die Anfertigung von Pfeifen. Heute befinden sich dort immer noch drei produzierende Pfeifenfabriken. Über diese beiden Traditionen kann man sich im *Musée de la Pipe et du Diamant* näher informieren.

WORTLISTE

Verwendete Abkürzungen

etw – *etwas*	jdm/jdn – *jemandem/jemanden*	Pl – *Plural*
f – *feminin*	m – *maskulin*	ugs. – *umgangssprachlich*

abattre	schlachten; erschießen
aboyer	bellen
accablé(e)	niedergeschlagen
accaparé(e)	vereinnahmt
accélérer	beschleunigen
s'accroupir	hocken; in die Hocke gehen
acquiescer	zustimmen
l'ado (m/f) (ugs.)	Jugendliche(r)
affamé(e)	ausgehungert; hungrig
s'afficher	hier: eingeblendet werden
à flanc de montagne	am Hang
à l'égard de qn	jdm gegenüber
les alentours (mPl)	Umgebung
alerté(e)	alarmiert; aufmerksam
alimenter qc	etw verstärken; etw nähren
aller de l'avant	vorwärtskommen
s'allonger	sich hinlegen
l'âme (f)	Seele
amnésique	an Amnesie leidend
à moins de (faire qc)	wenn ... nicht
ancestral(e)	uralt; alt(überliefert)
l'angoisse (f)	(panische) Angst
angoissé(e)	angstvoll, angsterfüllt
l'annuaire (m)	Telefonbuch
anxieux(-euse)	ängstlich
à part entière	vollwertig; ganz und gar
à plusieurs reprises	mehrmals, ein paarmal
appréhender de faire qc	Angst haben, etw zu tun
a priori	auf dem ersten Blick; von vornherein
l'arcade (f) sourcilière	Augenbrauenbogen
l'arme (f) du crime	Tatwaffe, Mordwaffe
l'armurerie (f)	Waffengeschäft
arracher	herausreißen
arriver en trombe	(blitzschnell) heranrasen
à son tour	seinerseits
s'assombrir	düster werden, sich verfinstern
atteindre qc	etw treffen; etw erreichen
atterré(e)	erschüttert
au fil de...	im Laufe von ...
l'aubaine (f)	unverhoffter Vorteil; Glücksfall
austère	streng; schlicht
avachi(e)	hier: lustlos
avaler qc	etw schlucken
l'avancée (f)	Fortschritt; Fortschrittlichkeit
l'avare (m/f)	Geizhals
avec brio	mit Bravour
avoir beau faire qc	sich vergeblich bemühen, etw zu tun
avoir bon dos (ugs.)	herhalten müssen
avoir du pain sur la planche (ugs.)	jede Menge Arbeit haben; bis über die Ohren in Arbeit stecken
avoir l'esprit tordu (ugs.)	nicht ganz richtig im Kopf sein; gestört sein

avoir la mort aux trousses	*den Tod im Nacken haben*	la cave coopérative	*Genossenschaftskellerei*
avoir la tchatche (ugs.)	*eine Quasselstrippe sein*	la cellule	*Zelle*
avoir le cœur sur la main	*freigebig sein*	certifier	*hier: mit Sicherheit zeigen; beglaubigen*
avoir le vague à l'âme	*melancholisch (zumute) sein*	chambouler qc (ugs.)	*etw über den Haufen werfen*
avoir une boule dans l'estomac (ugs.)	*ein flaues Gefühl im Magen haben*	chasser qc/qn	*etw/jdn vertreiben*
balbutier	*stammeln; stottern*	le châtaignier	*Kastanienbaum*
la balle	*Kugel*	le chauffard (ugs.)	*Raser; Verkehrsrowdy*
bandé(e)	*bandagiert*	le chignon	*Hochfrisur; Dutt*
la bâtisse	*hier: Haus; Kasten*	clandestin(e)	*geheim; illegal*
la battue	*Treibjagd*	la colère noire	*Riesenwut*
le bavardage	*Plauderei*	colporter qc	*etw verbreiten*
le bec	*Schnabel*	combler qc	*etw erfüllen; etw verdrängen*
bel et bien	*tatsächlich; definitiv*	comme si de rien n'était	*als ob nichts gewesen wäre*
bénin(-igne)	*harmlos*	complice	*verschworen*
le berceau	*Wiege*	compromettant(e)	*kompromittierend*
le berger	*Schafhirte, Schäfer*	le compte-rendu	*Bericht*
la bestiole (ugs.)	*Tier; Viech*	le comptoir	*Theke; Tresen*
la bête	*Tier; Vieh*	la condescendance	*Herablassung*
la bête féroce	*Bestie*	confier qc à qn	*jdm etw anvertrauen; jdm etw mitteilen*
la bille	*Murmel*	le confrère	*(Fach)kollege*
blême	*bleich*	le conseil régional	*Regionalrat (oberstes Exekutivorgan einer Region)*
se blottir contre qn	*sich an jdn drücken, sich an jdn schmiegen*		
boiter	*hinken*	considérer comme	*betrachten als; halten für*
Bon sang ! (ugs.)	*Oje!, Zum Teufel!*	consulter qn	*jdn aufsuchen*
bondir sur qn	*sich auf jdn stürzen*	contourner qc	*um etw herumführen*
bordé(e) de qc	*mit etw gesäumt*	le/la contribuable	*Steuerzahler(in)*
la botte imperméable	*Gummistiefel*	la conviction	*Überzeugung*
bougonner	*murren; brummeln*	convoquer qn	*jdn kommen lassen*
la (bouteille) thermos®	*Thermoskanne®*	les coordonnées (fPl)	*Kontaktdaten*
braquer qc sur/ vers qn	*etw auf jdn richten*	le coup de chevrotine	*hier: Ladung Blei*
la brume	*(leichter) Nebel*	le coup de pied	*Fußtritt*
la buvette	*Getränkestand*	le coup de poing	*Faustschlag*
Ça alors !	*Na so was!*	le coup dur	*schwerer Schlag*
la cabane de chasse	*Jagdhütte*	le/la coupable	*Täter(in)*
le cadavre	*Leiche*	crasseux(-euse) (ugs.)	*dreckig*
caillouteux (-euse)	*steinig*	le crève-cœur	*Jammer; Kummer*
le campement	*Lagerplatz; Siedlung*	la crinière	*Mähne*
la canne à pêche	*Angelrute*	crispé(e)	*steif*
la carcasse	*Tierleiche; Gerippe*	le croc	*(Fang)zahn*
le carnage	*Gemetzel; Blutbad*		
la cartouche	*Patrone*		
le cas d'école	*Paradebeispiel*		
la cascade	*Wasserfall*		
le cauchemar	*Alptraum*		

se croiser	sich begegnen
croiser qn	jdm über den Weg laufen
la croix inversée	umgekehrtes Kreuz
décédé(e)	verstorben
le décès	Tod
déchiqueté(e)	in Stücke gerissen; zerfetzt
déchiré(e)	zerrissen
déconnecté(e) de la réalité	realitätsfern, wirklichkeitsblind
décontenancé(e)	fassungslos
découvrir le pot aux roses	dahinterkommen; das Geheimnis entdecken
de fil en aiguille	nach und nach
dégoulinant(e)	herabtropfend
le dégoût	Abscheu
de justesse	knapp
se délecter de qc	etw genießen
délibérément	absichtlich
délier les langues	die Zunge(n) lösen; zum Sprechen bringen
la délinquance	(Klein)kriminalität
le délire	Wahn(vorstellung); Wahnsinnsanfall
délirer	spinnen
démasqué(e)	aufgedeckt
dément(e)	dement; geisteskrank
dépassé(e) par les évènements	durch die Ereignisse überrumpelt
de plus belle	hier: noch heftiger
de premier plan	maßgebend; ersten Ranges
le désaccord	Unstimmigkeit
déshériter qn	jdn enterben
de style haussmannien	im Haussmann-Stil (best. Typ Wohnhaus aus dem 19. Jh.)
diffuser qc	etw übertragen
dissoudre	auflösen
distrayant(e)	unterhaltsam
le distributeur automatique	Geldautomat
la divinité protectrice	schützende Gottheit
docilement	willig, folgsam
donner une tape sur l'épaule	auf die Schulter klopfen
le double des clés	Ersatzschlüssel; Zweitschlüssel
se douter de qc	etw ahnen
d'une humeur assassine (ugs.)	übelgelaunt, sehr schlecht gelaunt
s'échauffer	sich aufregen; sich erregen
échouer	hier: versagen
l'éclair (m)	hier: Geitesblitz
s'éclairer	sich aufhellen
éclater de rire	loslachen; sich totlachen
s'effondrer	zusammenbrechen
effroyable	entsetzlich, grauenhaft
l'élection (f) municipale	Kommunalwahl
l'élevage (m)	(Vieh)zucht
élucider	aufklären
éluder qc	vor etw ausweichen
embêté(e)	hier: besorgt
éméché(e) (ugs.)	beschwipst; angesäuselt
l'empreinte (f) digitale	Fingerabdruck
s'empresser de faire qc	sich beeilen etw zu tun
en avoir marre de qn/qc (ugs.)	von jdm/etw die Nase voll haben; jdn/etw satthaben
en free lance	freiberuflich
s'en prendre à qn	sich mit jdm anlegen
en vain	erfolglos, vergeblich
l'enclos (m)	Gehege
l'enfer (m)	Hölle
engager la conversation (avec qn)	(mit jdm) ins Gespräch kommen; (jdn) ansprechen
l'enlèvement (m)	Entführung
l'enquête (f)	Untersuchung; Ermittlung
enquêter sur qc	in einer Sache ermitteln
enragé(e)	tollwütig; wütend
s'ensuivre	darauf folgen; sich ergeben
l'enterrement (m)	Beerdigung
environnant(e)	umliegend; ... der Umgebung
éprouver qc	etw empfinden
érudit(e)	gebildet; gelehrt
espionner qn	jdm nachspionieren
esquiver qn/qc	jdm/etw ausweichen
essuyer	hier: abputzen
l'établi (m)	Werkbank

l'étalon (m)	Hengst
s'étirer	sich strecken
étouffer	ersticken
étranglé(e)	erwürgt
être à deux doigts de faire qc (ugs.)	drauf und dran sein, etw zu tun
être à son comble	seinen Höhepunkt erreichen
être censé(e) faire qc	(eigentlich) etw tun sollen
être convoqué(e)	einbestellt werden; vorgeladen werden
être de garde	Bereitschaftsdienst haben
être de mauvais augure	ein böses Vorzeichen sein
être en émoi	aufgeregt sein; aufgewühlt sein; in (heller) Aufregung sein
être en état d'arrestation	festgenommen sein, verhaftet sein
être en furie	vor Wut schäumen
être en mauvaise posture (ugs.)	schlecht/böse dran sein
être fêtard(e) (ugs.)	gerne feiern
être hors de soi	außer sich sein
être mal à l'aise	sich unwohl fühlen
être percé(e)	Löcher haben
être rayé(e)	zerkratzt sein
être recalé(e)	durchgefallen sein
être reconnaissable	wiederzuerkennen sein
être sens dessus dessous	auf den Kopf gestellt sein
être visé(e)	(das) Ziel sein
l'exploitation (f) viticole	Weinbaubetrieb
exploser qn (ugs.)	jdn zusammenschlagen; jdn fertigmachen
extra-conjugal(e)	außerehelich
faillir faire qc	beinahe etw tun
se faire casser la figure par qn (ugs.)	von jdm verprügelt werden
faire de l'effet à qn	auf jdn Eindruck machen
faire de la peine à qn	jdm leid tun
faire défiler	durchscrollen
faire du bien à qn	jdm guttun
faire le deuil de qn	um jdn trauern
faire les vendanges	bei der Weinlese mitmachen; Trauben lesen gehen

faire mine de...	so tun, als ob ...
faire preuve de négligence	sich nachlässig zeigen
faire taire qn	jdn zum Schweigen bringen
faire une gaffe (ugs.)	einen Bock schießen; einen Schnitzer machen
fantasmer	Phantasien entwickeln
le fantôme	Geist; Gespenst
farouche	erbittert, heftig
fermer qc à double tour	etw zweimal abschließen
le/la festivalier (-ière)	Festivalbesucher(in)
se ficher de qn/qc (ugs.)	auf jdn/etw pfeifen; jdm egal sein
le fichier de la police	Verbrecherkartei; polizeiliche (Ermittlungs)akten
fixer qn/qc	jdn/etw anstarren
flipper (ugs.)	ausflippen; durchdrehen
le folklore	hier: Sitten und Gebräuche
foncer (ugs.)	flitzen, rasen
foncer sur qn	auf jdn zurasen
fou/folle de rage	rasend vor Wut; fuchsteufelswild
fouiller qc	etw durchsuchen; in etw wühlen
fournir qc à qn	jdn mit etw beliefern
fracassé(e)	zertrümmert
la fraîcheur	Frische; Kühle
frémir	zittern
friand(e) de qc	versessen auf etw
le frisson	Schauder
frissonner	zittern; erschauern
froncer les sourcils	die Stirn runzeln
le fusil de chasse	Jagdgewehr; Flinte
le gaillard	Kerl
le gamin (ugs.)	Kind, Junge
garder le silence	schweigen
le gars (ugs.)	Kerl, Typ
se gâter	hier: umschlagen, sich verschlechtern
gémir (de douleur)	(vor Schmerzen) stöhnen
le générique de la fin	Nachspann
la gifle	Ohrfeige
les Gitans (mPl)	Gitans (spanischstämmige Roma)

le gîte	Ferienwohnung, Ferienunterkunft
glauque (ugs.)	unheimlich, zwielichtig
gonflé(e)	aufgedunsen, aufgequollen
la grange	Scheune
grogner	knurren
la grue cendrée	grauer Kranich
le haras	Gestüt
le harcèlement	Belästigung
le/la harceleur (-euse)	Stalker(in)
hausser les épaules	mit den Achseln zucken
l'héritage (m)	Erbe, Erbschaft
l'histoire (f) de midinettes	Jungmädchengeschichte
hocher la tête	den Kopf schütteln; mit dem Kopf nicken
l'homicide (m) (volontaire)	Totschlag
l'homme (m) de main	Handlanger; Helfershelfer
l'honneur (m)	Ehre
l'hortensia (m)	Hortensie
les hortillonnages (mPl)	in Sumpfgebieten angelegte und durch Kanäle verbundene Kleingärten in Amiens
hostile	feindselig; ablehnend
humide	feucht
humilié(e)	gedemütigt, erniedrigt
Il faut croire. (ugs.)	Es ist anzunehmen.
l' imposteur (m)	Betrüger, Hochstapler
l'incapable (m/f)	Versager(in); Stümper(in)
inconscient(e)	bewusstlos
l'index (m)	Zeigefinger
l'indice (m)	Zeichen; Indiz
l'infarctus (m)	Herzinfarkt
l'inquiétude (f)	Beunruhigung
s'installer	sich einrichten; hier: seine Sachen auspacken
insupporter qn	jdm auf die Nerven gehen
interpeller qn	jdn anfahren; jdm zurufen
intimer l'ordre à qn	jdm den Befehl erteilen
l'intrusion (f)	Eindringen
l'investiture (f)	Amtseinführung
irriter qn	jdn verärgern
l'ivrogne (m/f)	Säufer(in)
jaillir (de)	herausspritzen; plötzlich auftauchen (aus)
la jérémiade	Gejammer
jeter un mauvais sort à qn	jdn verhexen
jeter un œil sur qc	einen Blick auf etw werfen
le judas	Guckloch
la jument	Stute
le/la kidnappeur (-euse)	Entführer(in)
le/la lâche	Feigling; Angsthase
lâcher	hier: aufhören zu schlagen
laisser qc à l'abandon	etw verwahrlosen lassen
la lame	(Messer)klinge
le cas échéant	gegebenenfalls
le cœur battant	mit Herzklopfen
légitime	hier: ehelich
léguer qc	etw hinterlassen; etw vererben
le loup-garou	Werwolf
la lutte	Kampf
la mâchoire	Kiefer
le magot (ugs.)	hübsche Summe
la maison d'hôtes	Gästehaus
mal tourner	schlecht enden, übel ausgehen
maléfique	unheilvoll
le/la malfaiteur (-trice)	Übeltäter(in)
malhonnête	unehrlich; unanständig
malveillant(e)	boshaft
la manade	Zucht von wildlebenden Pferden oder Stieren in Camargue
maniaque de... (ugs.)	...fanatiker
le marais	Sumpfgebiet
la marche	Stufe
le matelas pneumatique	Luftmatratze
maudire qn	jdn verfluchen
les maux (mPl)	hier: Probleme, Übel
menaçant(e)	bedrohlich
la menace	Bedrohung
les menottes (fPl)	Handschellen

mériter qc	etw verdienen
se mettre à faire qc	beginnen, etw zu tun
mettre les points sur les « i »	(sehr) deutlich werden
mettre qn en garde	jdn warnen
le militantisme	Aktivismus
le minable (ugs.)	Null, Niete
le mistral	Mistral (Nordwind im Rhône-Tal)
mitigé(e)	zwiespältig; gemischt
le mobile	Beweggrund; (Tat)motiv
monter la garde	Wache halten
la morgue	Leichenschauhaus
la morsure	Biss(wunde)
le moustique	Mücke
le/la mythomane	Lügner(in)
n'avoir aucune raison d'être	keinen Sinn haben; keine Daseinsberechtigung haben
N'empêche ! (ugs.)	Aber dennoch!
N'importe quoi ! (ugs.)	So ein Quatsch!
n'y être pour rien	nichts damit zu tun haben
ne pas insister	aufgeben
ne pas sourciller	nicht mit der Wimper zucken
ne pas y aller par quatre chemins (ugs.)	ohne Umschweife zur Sache kommen
ne plus avoir toute sa tête	nicht mehr im Vollbesitz seiner geistigen Kräfte sein
ne plus en pouvoir (ugs.)	nicht mehr können (und wollen)
ne plus tourner rond (ugs.)	nicht mehr ganz richtig im Kopf sein
ne prêter aucune attention à qn/qc	jdm/etw keine Beachtung schenken
ne rien laisser présager de bon (ugs.)	nichts Gutes verheißen
Ne t'en fais pas.	Mach dir keine Sorgen.
la nécrologie	Todesanzeigen
négligent(e)	nachlässig
la noyade	Ertrinken; Badeunfall
le/la noyé(e)	Ertrunkene(r)
nuire à qn	jdm schaden
la nuque	Nacken
l' obscurité (f)	Dunkelheit
offensé(e)	beleidigt
l'oiseau-sorcier (m)	der Hexenvogel
osciller	schwanken
paisible	friedlich
le/la palefrenier (-ière)	Pferdepfleger(in)
palpitant(e)	aufregend, spannend
la palpitation	Herzflattern
la pancarte	Schild, Plakat
paranoïaque	paranoisch; geistesgestört
passer à l'acte	zur Tat schreiten
passer sous le nez de qn (ugs.)	jdm durch die Lappen gehen
Pauvre naze ! (ugs.)	Trottel!
la peau de vache (ugs.)	blöde Kuh
le pédalo	Tretboot
la Pépinière	botanischer Garten in Nancy
percer	durchkommen; einen Durchbruch erleben
perché(e)	hochgelegen
perplexe	ratlos
la perquisition	Hausdurchsuchung
perturber qn	jdn durcheinanderbringen
pesant(e)	bedrückend
péter un plomb (ugs.)	durchdrehen
le petit Bayonne	Name eines alten Stadtviertels in Bayonne
le petit boulot (ugs.)	Gelegenheitsjob
le petit malfrat (ugs.)	kleiner Gauner
les petits fours (mPl)	Häppchen; Kleingebäck
piétiner	hier: keine Fortschritte machen
la plainte	hier: Wehklage
le plaisantin	Witzbold, Spaßvogel
plein(e) d'entrain	voller Begeisterung, voller Energie
pleurnicher (ugs.)	flennen; rumjammern
la plume	Feder
la pointe	Landzunge; Kap; Spitze
la pointe de jalousie	Anflug von Eifersucht

poivre et sel	angegraut (wörtlich: Pfeffer und Salz)
la police judiciaire	Mordkommission; Kriminalpolizei
porter chance à qn	jdm Glück bringen
portière	Autotür
la posséder qn	von jdm Besitz ergreifen
pour la bonne cause	für einen guten Zweck; für die gute Sache
se précipiter	sich beeilen
prendre la déposition de qn	jdn vernehmen
prendre la parole	das Wort ergreifen
prendre la relève	die Nachfolge antreten
préoccupé(e)	besorgt
se procurer qc	sich etw beschaffen
le/la procureur(e) de la République	Oberstaatsanwalt (-wältin)
la proie	Beute
la projection	Vorführung
le promoteur immobilier	Bauträger
le/la proviseur(e)	Schulleiter(in)
les psychotropes (mPl)	Psychopharmaka
qui plus est	mehr noch
quoi que	hier: was auch immer
la racaille	Abschaum
les ragots (mPl) (ugs.)	Klatsch, Tratsch
se raisonner	sich zusammenreißen
râler	meckern
le râleur (ugs.)	Meckerer, Meckerfritze
le rassemblement	Treffen
raté(e)	hier: erfolglos
rater qc	hier: etw verpfuschen
le/la ravisseur (-euse)	Entführer(in)
récemment	vor kurzem, unlängst
recevoir un sort	verhext werden
réciproque	gegenseitig
réclamer qc	hier: etw verlangen
le recoin	Winkel
reconnaissant(e)	dankbar
recroquevillé(e)	zusammengekauert
se recueillir sur la tombe de qn	einer Person an deren Grab gedenken
se reculer	(einige Schritte) zurückgehen, zurücktreten
récupérer qc	etw zurückbekommen; etw sicherstellen
le règlement de comptes	Abrechnung; Vergeltungsakt
rejoindre le lit	ins Bett kriechen
le relevé de compte	Kontoauszug
rembourser ses dettes	seinen Schulden zurückzahlen
rémunéré(e)	bezahlt, vergütet
se remémorer qc	sich wieder an etw erinnern
se rendre aux autorités	sich den Behörden stellen
renoncer à faire qc	ausschlagen, etw zu tun
renverser	umkippen; umfahren
reprendre sa marche	sich wieder auf den Weg machen; seinen Spaziergang fortsetzen
reprendre son cours	wieder seinen Lauf nehmen
se reproduire	sich vermehren
réserver un accueil glacial	einen eisigen Empfang bereiten
retentir	ertönen
rétorquer	erwidern
les retrouvailles (fPl)	Wiedersehen
se retrouver à la merci de qn/qc	jdm/etw ausgeliefert sein
se réveiller en sursaut	aus dem Schlaf hochfahren; ganz plötzlich erwachen
le réverbère	Straßenlaterne
ricaner	hämisch lachen
le rictus	verzerrtes Grinsen
la rive	Ufer
les rochers (mPl) escarpés	schroffe Felsen
le roseau	Schilf
rouler qn dans la farine (ugs.)	jdn an der Nase herumführen; jdn übers Ohr hauen
rouler sur l'or (ugs.)	im Geld schwimmen
la rupture	Bruch; Schluss
rustique	urig; rustikal
sacré(e) (ugs.)	irrsinnig; verdammt
sanglant(e)	blutig
sans détour	ohne Umschweife; unverblümt

sauvagement	brutal; auf bestialische Weise
savourer	genießen; auskosten
savourer qc	etw genießen
scander qc	etw im Sprechchor rufen
le scoop (ugs.)	Sensationsmeldung, Knüller
la séance	Vorstellung; Sitzung; Behandlungstermin
sèchement	schroff
serrer qc	etw fest pressen; etw drücken
le service de cardiologie	kardiologische Abteilung
les sévices (mPl)	Misshandlung
sillonner	kreuz und quer fahren; durchziehen
soi-disant	angeblich, sogenannt
le somnifère	Schlafmittel
la sorcellerie	Hexenkunst, Hexerei
le/la sorcier(-ière)	Hexenmeister, Hexe
sordide	niederträchtig; widerwärtig
la sornette	leeres Gerede
le souffle	Atem(zug)
se soupçonner mutuellement	sich gegenseitig verdächtigen
strident(e)	grell
la stupeur	Fassungslosigkeit; Betroffenheit
la succession	Erbschaft
superstitieux (-euse)	abergläubisch
supplier qn	jdn anflehen
le suppôt de Satan	Ausgeburt Satans
le sursaut	Zusammenzucken
sursauter	zusammenzucken; aufschrecken
surveiller qn	jdn beobachten; jdn überwachen
suspect(e)	verdächtig
le système de freinage	Bremssystem
le tableau d'affichage	hier: Vertretungsplan
la tâche	Aufgabe
tant bien que mal	mehr schlecht als recht
le taudis	Elendsbehausung; Bruchbude
le témoin	(Augen)zeuge
la tempe	Schläfe
tenir tête à qn	jdm Paroli bieten
terrorisé(e)	in Angst und Schrecken versetzt
tétanisé(e)	starr (vor Angst), wie gelähmt (vor Angst)
la tête de mule (ugs.)	Sturkopf
le tête-à-tête	Vieraugengespräch
tirer la langue	die Zunge herausstrecken
le toit d'ardoise	Schieferdach
tomber dans le piège	in die Falle geraten
tomber dans les pommes (ugs.)	ohnmächtig werden; umkippen
tomber en ruine	verkommen; zerfallen
toucher à la coke	koksen
toujours est-il que ...	jedenfalls ...
tourmenté(e)	besorgt; gequält
la tourte	Fleischpastete (lothringische Spezialität)
tout le tintouin (ugs.)	das ganze Gedöns
Toutes mes condoléances !	Mein Beileid!
tracasser qn	jdm zusetzen; jdn beunruhigen
trahir qn	jdn verraten
traîner (ugs.)	(he)rumhängen; abhängen
traiter qn de fou/ folle	jdn einen Spinner/ eine Spinnerin nennen
le/la traître(-esse)	Verräter(in)
transférer	überführen
transmettre qc à qn	jdm etw übergeben; jdm etw zukommen lassen
se triturer qc	hier: mit etw spielen
se tromper	sich irren
troublant(e)	verwirrend; merkwürdig
troublé(e)	verwirrt
le troupeau	Herde

le truc	Ding; Sache	véridique	wahrheitsgetreu; aufrichtig
Tu parles !	hier: Aber hallo!; Hör mir auf!	vexé(e)	beleidigt
un drôle d'oiseau (ugs.)	ein schräger Vogel	la vidéosurveillance	Videoüberwachung
uni(e)	einig	la Vierge	Jungfrau
Vade retro Satanas! (auf Latein)	Weiche von mir Satan!	le/la villageois(e)	Dorfbewohner(in)
vaguement	vage	la visière	(Mützen)schild
la vase	Schlamm	volage	hier: treulos
la veille	Vortag; am Tag zuvor, am Vortag	le volet	Fensterladen; Holzladen
se venger	sich rächen	y laisser sa peau (ugs.)	dran glauben müssen, dabei draufgehen
le verger	Obstbaumgarten	le zigoto (ugs.)	komischer Kauz

BILDQUELLEN